ALGÉRIE

Exposition Universelle de 1900

HYGIÈNE & ASSISTANCE

EN ALGÉRIE

RÉDACTEUR PRINCIPAL :

DR PROF^R^ ED. BRUCH

DIRECTEUR DE L'ÉCOLE DE MÉDECINE D'ALGER
MÉDECIN ASSERMENTÉ DU GOUVERNEMENT GÉNÉRAL

COLLABORATEURS :

Dr BORDO

MÉDECIN A CHÉRAGAS, CONSEILLER GÉNÉRAL

Dr SOULIÉ

SOUS-DIRECTEUR DE L'INSTITUT PASTEUR D'ALGER
PROFESSEUR SUPPLÉANT A L'ÉCOLE DE MÉDECINE D'ALGER

M. CLAUDE

VÉTÉRINAIRE DÉLÉGUÉ
CHEF DU SERVICE SANITAIRE DU DÉPARTEMENT D'ALGER

MUSTAPH
IP

HYGIÈNE & ASSISTANCE

EN ALGÉRIE

ALGÉRIE

HYGIÈNE & ASSISTANCE EN ALGÉRIE

RÉDACTEUR PRINCIPAL :

DR PROF[R] ED. BRUCH

DIRECTEUR DE L'ÉCOLE DE MÉDECINE D'ALGER
MÉDECIN ASSERMENTÉ DU GOUVERNEMENT GÉNÉRAL

COLLABORATEURS :

Dr BORDO

MÉDECIN A CHÉRAGAS, CONSEILLER GÉNÉRAL

Dr SOULIÉ

SOUS-DIRECTEUR DE L'INSTITUT PASTEUR D'ALGER
PROFESSEUR SUPPLÉANT A L'ÉCOLE DE MÉDECINE D'ALGER

M. CLAUDE

VÉTÉRINAIRE DÉLÉGUÉ
CHEF DU SERVICE SANITAIRE DU DÉPARTEMENT D'ALGER

ALGER-MUSTAPHA
GIRALT, IMPRIMEUR-PHOTOGRAVEUR
Rue des Colons, 17

1900

AVANT-PROPOS

Servir de guide, au point de vue de la santé générale, en indiquant les précautions spéciales à prendre *en Algérie* pour éviter les maladies et les causes de mort, tel est le but de cet opuscule, dans sa *première partie :* Hygiène générale, hygiène du colon, hygiène de l'indigène (MM. Bruch, Bordo, Soulié).

Elle s'adresse aux colons nés sur le sol algérien ou habitant le pays depuis un certain temps, mais aussi et *surtout* à l'*immigrant*, ainsi qu'au touriste et à l'hiverneur.

Dans la *seconde partie* se trouve exposé l'ensemble des ressources que l'Administration Centrale a créées dans la colonie en faveur des nécessiteux, en particulier des *malades* pauvres.

Assistance publique, assistance pour les indigènes (MM. Bruch et Soulié).

Enfin un troisième chapitre se rapporte au service vétérinaire (M. Claude).

Dr BRUCH.

PREMIÈRE PARTIE

HYGIÈNE

Hygiène générale.

Hygiène spéciale du Colon.

Hygiène des indigènes.

HYGIÈNE GÉNÉRALE [1]

I

Les préceptes de l'hygiène générale sont dictés, en majeure partie, par les conditions de géographie physique et d'oro-hydrographie, dont l'ensemble détermine le *climat* d'un pays.

Les facteurs les plus importants de la climatologie sont : le degré de latitude, le voisinage des mers, et les chaines de montagnes.

Le territoire algérien s'étend du 37e degré de latitude Nord au 29e, c'est-à-dire depuis la limite supérieure des *contrées chaudes*, jusqu'aux confins de la *zone tropicale* (*torride*). « La ligne isotherme + 15 « qui limite les pays chauds est même encore assez « loin... » (2).

Il n'y a pas : *un climat algérien* ; on observe, au contraire, dans la colonie, des climats très différents les uns des autres.

Ils sont d'autant plus *variés*, que cette immense superficie de terre (plus de 60 millions d'hectares), baignée au Nord par la Méditerranée sur une longueur de 1.000 kilomètres, et limitée au Sud par le grand

---

(1) S'appliquant à la population en général, mais plus particulièrement aux Européens.

(2) J. BRAULT, *Hygiène et prophylaxie des maladies dans les pays chauds. L'Afrique française.* (Paris, J.-B. Baillière et fils, 1900.)

Sahara (océan de sables), est partagée en *trois zones distinctes* par deux chaines de montagnes constituant le système général de l'*Atlas*.

1° **La région du Tell** ou zone méditerranéenne (15 millions d'hectares), comprend le littoral, des plaines, un réseau de montagnes et de vallées, avec des massifs élevés, tels que l'*Ouarensenis* (1.980m) et le *Djurdjura* (*Tamgut*, 2.308m) ; des cours d'eau, des marais et des forêts. Son *climat* est très humide sur la côte, plus sec vers les montagnes ; doux en hiver, très chaud en été, fatigant quand souffle le vent du Sud (*siroco*).

2° **La région des Hauts-Plateaux** ou zone des steppes à *Alfa* (8 millions d'hectares), se compose d'une vaste *terrasse* (plaines élevées) dont l'altitude moyenne est de 900 à 1.200m. Elle est bornée au Nord par l'Atlas algérien, comprenant de hautes montagnes comme le pic de *Mouzaïa* (1.600m), et limitée au Sud par une traînée de montagnes, en général moins élevées que l'Atlas algérien, mais accidentée par des sommets de 1.500m comme le *Lazereg*, et terminée à l'Est par le massif de l'*Aurès*, à cheval sur le plateau, avec le *Chellia*, haut de 2.200m.

Cette contrée contient des *lacs salés* (*chotts*), peu de cours d'eau ; son climat est essentiellement *continental* ; il est rude, très froid en hiver, très chaud en été, toujours sec.

3° **La région du Sahara algérien** se compose de terres incultes, couvertes de broussailles, de cailloux ou de sable, avec des *Oasis* clairsemées, verdoyantes. Le sol s'abaisse progressivement pour atteindre le niveau de la mer, et même un niveau inférieur dans l'Extrême-Sud.

Sur la pente, à Laghouat par exemple (700^{m}) le climat est très sec, souvent froid en hiver ; puis il prend le caractère absolu du climat saharien proprement dit avec chaleur extrême en été.

Chacune de ces grandes régions présente encore des variantes de climat dépendant de la présence des marais, des cours d'eau, des forêts, de l'orientation des montagnes laquelle commande la direction des vents dominants.

Près des marais et le long des cours d'eau (*Chélif*, *Harrach*, *Sebaou*, *Seybouse*, etc.), le *paludisme*, produit par les alluvions, règne en maître et rend certaines localités inhabitables.

II

Quand un voyageur s'arrête dans un pays qu'il ne connaît pas, que fait-il pour *orienter* sa manière de vivre ? Il observe les habitants de la contrée, il étudie leur costume, leurs habitations, leurs mœurs et coutumes, il s'informe de leur régime alimentaire.

En procédant ainsi, il apprend en un jour ce qui, pour l'indigène est le résultat d'expériences quotidiennes pendant plusieurs siècles.

Une enquête de ce genre sur les populations qui habitent le pourtour du bassin méditerranéen aboutit, d'une manière générale, aux conclusions suivantes :

a) Le peuple est *sobre* ; il ne consomme que peu ou pas du tout d'alcool ; il mange moins de viande que l'homme du Nord ; il se nourrit principalement — en été surtout — de poisson, volaille, œufs, lait, légumes, fruits et de pain, naturellement.

b) Les vêtements sont en tissu de *coton* et de *laine* (burnous de l'Arabe) — tous les hommes portent une *ceinture* plus ou moins large et longue.

c) Les maisons sont bâties en *pierres*, à murs généralement épais, avec *cour intérieure* ; dans les villes elles sont ornées de *balcons*, quelques fois d'une *véranda* ; les nomades vivent sous la tente, les Arabes sédentaires construisent des gourbis (branches d'arbres et feuillage, diss).

A. RÉGIME ALIMENTAIRE

Boissons. — Dans l'antiquité et même au moyen-âge, quand un homme supérieur, investi d'une dignité théocratique, jugeait indispensable d'inculquer au peuple naïf et ignorant une règle d'hygiène et de salubrité, il élevait la prescription au rang de dogme religieux.

Les prêtres égyptiens ont déclaré l'Ibis, oiseau sacré, pour assurer la conservation de l'espèce de ce destructeur des reptiles dangereux (1).

Moïse a proscrit, en Palestine, l'usage de la viande de porc ; et l'éminent hygiéniste *Mahomet* a prohibé le vin : « O croyants ! le vin, les jeux de hasard, les statues et le sort des flèches, sont une abomination inventée par Satan. Abstenez-vous en, de peur que vous ne deveniez pervers. Le démon se servirait du vin et du jeu pour allumer parmi vous les dissensions, et vous détourner du souvenir de Dieu et de la prière. » (*Coran,* chap. V.)

Que l'on voyage en Andalousie, à Naples, ou en Grèce, on est surpris de voir les rues encombrées de marchands ambulants porteurs de gargoulettes (alcarazas), qui circulent en criant chacun dans son idiome particulier « eau glacée ». L'eau, dans ces pays, se débite dans la ville et dans toutes les gares comme le vin en France, la bière en Allemagne, et l'eau-de-vie, en Angleterre.

Dans ces contrées le paysan boit de l'eau et des citronades — quelquefois il y ajoute de l'anisette, du raki, mais toujours en petite quantité. Le musulman

---

(1) Il est regrettable que les premiers colons de la Mitidja n'aient pas été Egyptiens !... car ils n'auraient pas exterminé, pour toujours, la belle espèce de « Garde-bœuf », un petit héron blanc, jadis très répandu dans la plaine, et qui rendait de grands services aux troupeaux.

boit de l'eau, du café et quelque fois du thé léger. — La France produit les meilleurs vins du monde ; sa fille, l'Algérie suit la même voie avec un succès grandissant chaque année.

Le Français est habitué à boire le *vin,* qui convient, d'ailleurs, à son tempérament ; à dose raisonnable le « jus de la treille » — aux repas, et mélangé d'eau — ne peut faire que du bien.

Mais que le Français du Nord y prenne garde ! En Algérie, comme dans tous les pays chauds, — en été surtout — on ne peut consommer impunément la même ration, qui serait inoffensive dans la zone froide ou tempérée.

Pour beaucoup de personnes, cependant, l'usage de l'eau pure est plus salutaire, au moins pendant la saison des chaleurs ; plus favorable à la digestion en particulier.

Les boissons *alcooliques distillées* sont quelquefois ordonnées pendant les journées froides et humides de l'hiver, mais certainement il vaut mieux s'en abstenir quand la température est élevée.

« L'alcool est plus dangereux dans les climats chauds que dans les contrées froides ; l'abus des liquides alcooliques a fait plus de victimes dans notre Algérie que le plomb des Arabes. » (Bouchardat).

Pourquoi faut-il, hélas ! qu'en Algérie on ne puisse s'approcher des tables d'un café ou d'une brasserie qui encombrent le trottoir, sans être suffoqué par l'odeur de l'absinthe !

Si l'*Arthemisia absinthium* (A. officinale) est un tonique stimulant qui, à dose très modérée, peut relever les forces digestives..., il y a loin, de l'action favorable de quelques gouttes d'alcoolat dans un verre d'eau, aux effets *désastreux* de.... l'apéritif sous forme de « *purée* ».

L' « *apéritif* » *alcoolique* est nuisible « par cela « seul qu'il est consommé à jeun. Car, c'est une « règle que tout poison est mieux absorbé et plus « dangereux quand il est reçu par un estomac vide. » Dr Professeur Grasset.

En Algérie, un Monsieur qui s'administre chaque jour deux fois une purée de la liqueur verte, sans préjudice du demi-litre de vin à chaque repas, du cognac avec le café et souvent de quelques bocks de bière dans la soirée... ne tarde pas à devenir *alcoolique*, sans *jamais* avoir été ivre, et tout en restant moral, correct, intelligent, parfois travailleur distingué et même spirituel... il est simplement alcoolique « inconscient » (Prof. Grasset), et — de l'avis de tous les médecins — la constitution de l'enfant à venir en éprouvera du dommage.

(Beaucoup de personnes commettent l'immense *erreur* de *confondre* alcoolisme avec ivrognerie).

Le colon français ne peut se passer du concours de l'espagnol pour défricher la broussaille, pour faire le charbon de bois ; il paie le marocain pour la moisson. Pourquoi ces étrangers sont-ils préférés à l'ouvrier français et jugés seuls capables de supporter la fatigue de ces rudes labeurs pendant les chaleurs torrides ?... parce qu'ils sont sobres et ne *boivent que de l'eau* (1).

On peut faire la même réflexion pour l'ouvrier terrassier piémontais.

---

(1) Cette sobriété leur permet, en outre, de se contenter d'un salaire modeste.

« La race espagnole est celle qui s'acclimate le mieux sous les tropiques ; elle tient en partie ce privilège de son extrême sobriété. Dans les pays chauds et surtout tropicaux, il est très important de ne pas suivre à ce sujet les errements du Nord. » (Prof. J. Brault : *Hygiène de l'immigrant dans les Colonies africaines*).

Les boissons recommandables en Algérie, après l'eau, sont le *vin à dose modérée* et coupé d'eau, les *citronades*, les *eaux minérales alcalines*, le *café*, le *thé*, les infusions aromatiques.

« Chose paradoxale, les meilleures boissons, pour calmer la soif, sont le thé et le café très chauds. » (Prof. Brault, *loc. cit.*)

Récemment, les Américains ont introduit, à New-York, l'usage de vendre dans les rues, pendant les journées brûlantes de l'été, de l'eau bouillante. On boit cette eau *aseptique*, légèrement refroidie par l'addition d'une petite quantité d'un liquide quelconque au goût du consommateur.

Mais on peut faire mieux encore : le moyen le plus efficace de se soustraire, en été, aux tortures de la soif, c'est *de boire le moins possible ; très peu aux repas et pas du tout entre les repas*.

Les Arabes font ainsi, et beaucoup de vieux colons doivent leur robuste santé à cette pratique.

Une habitude déplorable qui tend à se généraliser dans les villes d'Algérie, consiste à faire *abus* des boissons *glacées*. Un grand nombre de personnes ne réussit qu'à aiguiser la soif, et à troubler les fonctions digestives en buvant, à table, de.... la glace à l'eau... au lieu d'eau rafraîchie par un peu de glace.

La *bière* importée d'Europe en Algérie est trop alcoolisée ; on la remplacerait avantageusement par la tisanne de houblon.

En général, il serait sage de s'en tenir aux produits du pays qu'on habite, au lieu d'exiger, par exemple, la bière dans les pays chauds, et le poisson de mer sur le sommet des Alpes.

Aliments. — « Une alimentation *bien réglée* peut suppléer au défaut ou à l'imperfection de beaucoup d'autres conditions hygiéniques, » a dit un célèbre hygiéniste, *Michel Lévy, président du Conseil de santé des armées.*

Pendant la saison d'hiver, on peut se nourrir, en Algérie comme en France, c'est-à-dire comme dans les régions tempérées.

En *été*, il est nécessaire de modifier le régime ; pour bien se porter il faut *manger moins*, surtout moins de viande de boucherie.

« Dans les pays chauds, il ne faut pas une alimentation trop carnée ; les graisses également ne sont pas utiles comme dans les pays tempérés et surtout dans les pays septentrionaux. » (Brault, *loc. cit.*).

D'ailleurs, quand il fait chaud, l'appétit est moindre ; aussi a-t-on l'habitude, pour le stimuler, de faire appel aux condiments, aux épices ; il est dangereux d'en abuser.

Les habitants de la colonie, européens et indigènes font un grand usage de la viande de *mouton*, surtout dans le Sud, où, d'ailleurs, elle a une saveur particulièrement agréable.

Quant au *porc* « il a une chair que l'estomac digère

difficilement ; elle doit être employée avec grande réserve... C'est à juste titre que Mahomet en a interdit l'usage, et l'exemple des musulmans devrait être suivi, été comme hiver, par les Européens. » (Prof. Marit, médecin principal : *Hygiène de l'Algérie*).

Pour les *viandes blanches*, les *volailles*, le *gibier*, les *poissons*, les *crustacés* et les *molusques*, il n'y a pas de recommandations importantes à faire.

Pendant la saison *d'été* on fait bien en Algérie *d'imiter le régime des habitants d'origine méridionale* ; il consiste surtout en poissons, volaille, légumes et fruits, œufs et lait. Les dattes et le lait figurent au premier rang dans le menu des arabes du sud.

Il est prudent de conserver pendant longtemps le lait maternel aux enfants ; il est dangereux de les sevrér pendant les mois de juillet, août et septembre quand cette saison coïncide avec la période difficile de l'évolution dentaire.

B. VÊTEMENTS

Dans le monde civilisé, l'ordonnancement du costume du *citadin*, loin d'être réglé par les préceptes de l'hygiène, est simplement dicté par le caprice d'un tailleur de Paris ou de Londres.

Dans ce même monde nos Dames et Demoiselles sont *esclaves* d'un.... dogme ! puissant et indiscuté, qui s'appelle la *mode*. Avec une soumission absolue elles obéissent au tyran et martyrisent leur corps des pieds à la tête, sans souci de l'entrave au développement du corps de la jeune fille, ni des maladies et infirmités que la belle *mode* peut produire.

L'homme et la femme du peuple, et les paysans sont plus dans le vrai ; leur costume est d'ordinaire en harmonie avec la profession et avec les exigences du climat, il est le *résultat de l'expérience*. Tel est le cas, tout particulièrement pour le costume des habitants indigènes des bords de la Méditerranée.

Ainsi par exemple les hommes de ces contrées portent tous une *ceinture* large et faisant plusieurs fois le tour du corps.

On voit la ceinture en Espagne, en Italie, en Grèce, en Turquie, en Asie mineure et sur toute la côte barbaresque.

La *raison d'être* de cette... mode, c'est la *nécessité* de protéger les reins et l'abdomen contre le danger des refroidissements brusques, caractéristiques du climat chaud, surtout à l'approche de la nuit.

L'étoffe de choix est le tissus de *laine*, même en été ; on peut dire *surtout* en été, parce que la laine conserve la chaleur si un courant d'air atteint le corps en sueur, tandis que la chemise de fil ou même de coton, le calicot se refoidit et glace le corps.

L'espagnol ne quitte jamais son grand châle de laine qu'il porte sur l'épaule quand l'atmosphère est chaude, et dont il s'enveloppe à la fraîcheur du soir ; l'arabe vit sous le *burnous* qui l'abrite des ardeurs des rayons solaires comme du froid et de la pluie.

Pour des raisons physiques, connues de tous, la couleur *blanche* est la plus utile.

Pour des motifs de même ordre, les vêtements doivent être amples, largement étoffés, afin de laisser entre eux et la surface du corps une *couche d'air protecteur*.

Dans les pays du soleil la *coiffure* est d'importance majeure ; le couvre chef doit porter de l'ombre sur le visage, protéger les yeux, et interposer une couche d'air ou une étoffe entre son fond et le sommet de la tête.

Le chapeau de paille dit : *canotier* peut être dangereux quand la tête touche la paille.

Le *turban* à la mode *turque* ou à l'*indienne* c'est-à-dire large, ample, haut et relativement léger, est une coiffure qui arrête efficacement les rayons solaires du côté du crâne ; mais le turban ne protège pas les yeux. Le *chapeau de paille kabyle*, très haut, et à très larges bords, est une coiffure idéale du pays chaud ; il est adopté par beaucoup de colons.

Le *feutre* de même forme est bon, mais plus lourd et plus chaud en été.

En Algérie on porte souvent un chapeau genre *cochinchinois*, mais surtout le *casque colonial* en liège, qui est une coiffure parfaite pour le pays.

Il est regrettable que les troupes d'Afrique ne soient pas munies de ce casque adopté par les armées coloniales de tous les pays. En général, il serait temps d'avoir le courage de renoncer à l'uniforme du zouave — conservé seulement « par respect de la tradition ; » — car *toutes* les pièces de cet uniforme (sauf la ceinture) sont défectueuses.

Les cavaliers et les fantassins autres que le tirailleur et le zouave, sont pourvus, avec raison, du *couvre-nuque* pendant la saison d'été.

Avant de quitter ce sujet, il est utile de considérer la *coiffure de l'arabe* dont l'agencement est, sans nul doute, le résultat de l'observation et d'une longue pratique, car elle répond admirablement bien aux exigences climatériques.

La tête rasée est d'abord couverte d'un petit bonnet blanc, en tissu fin (*araghia*), exactement appliqué sur le crâne.

Pardessus ce bonnet il y a une *calotte* composée de 2 ou 3 couches de *feutre* épais, dont le fond ne touche pas celui de l'araghia, mais en est séparé par une couche d'air.

Cette calotte est recouverte d'une chechia rouge (sans gland), exactement appliquée sur le feutre qui maintient la forme élargie de la coiffure.

Enfin le *haïk* enveloppe le tout en retombant sur le front et sur les côtés de la face et du cou (représentant à la fois une visière et un couvre-nuque).

Le haïk est fixé par la corde de chameau, épaisse (*brima*) ou mince (*kheit*) faisant 10 à 12 fois le tour de la tête.

Quelquefois la corde de chameau est remplacée par un turban léger en mousseline (*chach*).

Il est facile de comprendre que la tête de l'Arabe en voyage est absolument protégée contre la chaleur, le froid et la pluie.

Pour la *chaussure* il y a peu à dire ; en été les Espagnols, les Italiens, et les Maltais font usage de l'*espadrille* qui réunit toutes les conditions désirablés. Pour voyager, circuler dans la broussaille, la meilleure chaussure est la *botte* en hiver, la *guêtre de cuir* en été ; une chaussure de choix serait celle de certaines armées coloniales : *bottine en cuir souple, haute, lacée* devant, avec lame du même cuir sous les lacets.

Ayons le courage de prétendre que cette bottine conviendrait cent fois mieux à nos troupes d'infanterie que le godillot qui blesse le pied, et la malheureuse guêtre blanche, si longue à boutonner, si peu solide, si vite en loques par les temps de pluie.

C. — HABITATION

Le style de l'habitation musulmane est ordonné par le Coran ; la vie de famille est murée, la femme doit être à l'abri des regards indiscrets ; aussi n'y voit-on que de rares et très petites fenêtres, ou bien un mirador soigneusement grillagé. Cette architecture ne peut convenir à nos mœurs.

La maison mauresque contient une cour intérieure *ouverte*, c'est-à-dire sans toit, par conséquent bien aérée ; ses murs sont épais, aussi la demeure est-elle fraîche en été. Quand elle est humide pendant la saison pluvieuse, cela tient à la qualité inférieure des matériaux de construction ; les murs sont quelquefois en *pisé*.

L'islamisme ne permet pas les balcons, galeries, verandas, qui font le charme de la maison espagnole ou mexicaine, et qui sont en harmonie parfaite avec les conditions climatériques des pays du soleil.

Dans les environs d'Alger et des principales villes

de la colonie, on a bâti un grand nombres de *villas* qui réunissent les avantages de la construction mauresque (cour intérieure), et ceux de l'architecture espagnole (galeries, verandas, avec grandes fenêtres à balcon).

C'est là, le *style idéal* pour notre pays.

Malheureusement dans l'intérieur des villes on est obligé de le modifier, de le restreindre, pour obéir à des nécessités inévitables (valeur du terrain, manque de place, règlements de voirie, alignement, etc.)

Les immeubles sont généralement beaux et bien construits ; tous sont ornés de balcons. Mais la plupart, sinon tous, ont un grand défaut : la cage d'escalier, *vitrée* en haut, n'est pas ventilée, l'air immobilisé et *vicié* n'est pas renouvelé, comme il devrait être, par un courant ascendant ; on *transpire et on étouffe dans l'escalier* avant d'arriver à l'appartement.

Il est désirable qu'à l'avenir MM. les architectes se soumettent aux commandements de l'hygiène qui prescrivent *d'élever beaucoup plus le vitrage* au dessus des terrasses.

La maison du colon doit répondre à des indications spéciales qui seront développées au chapitre : *Hygiène du colon.*

D. EXERCICE. — SOMMEIL.

En tout pays, et dans toute saison le mouvement, l'exercice bien réglé, sont nécessaires à la conservation de la santé.

Un proverbe dit : l'homme qui à cinquante ans ne marche plus, est un homme perdu.

Dans le *pays chaud*, plus qu'en tout autre, l'excès de repos, l'oisiveté, sont un facteur puissant de déchéance physiologique.

Pendant la saison estivale on est particulièrement enclin à l'inaction. En Algérie *il faut savoir réagir* ; les personnes *actives* se portent infiniment mieux que les autres.

Les occasions ne manquent pas pour secouer la torpeur menaçante : sur le littoral on peut jouir des *bains de mer* et se livrer aux plaisirs de la *pêche*, du sport *nautique* ; sur tout le sol algérien le chasseur trouve du gibier en abondance ; les paysages variés de la plaine, les sites pittoresques des vallées, la majesté imposante et sauvage des montagnes ne feront jamais regretter au touriste, au naturaliste, ou au peintre, les fatigues de la marche ou de la chevauchée.

Il est bon d'inciter les enfants à jouer en plein air. L'adolescent, l'adulte et même le vieillard, tous ont besoin de marcher chaque jour... sous peine d'être envahis par la perfide *apathie* qui conduit fatalement à l'affaiblissement progressif et à la maladie.

— Trop dormir nuit à tout le monde ; se coucher relativement tôt et se lever de très bonne heure, est le secret des gens à bonne santé.

Dans les contrées méridionales on a coutume de « faire la *sieste* », c'est-à-dire de se livrer au repos complet, voire même *de dormir au milieu du jour*.

L'usage est *rationnel*, parce que au Midi, surtout en été, tout travail, manuel ou intellectuel, est *pénible* pendant les heures les plus chaudes de la journée ; au mot : pénible, on pourrait ajouter ceux : *peu fructueux*.

L'Arabe se couche par terre, même sur le trottoir de la ville, quelquefois en plein soleil ! l'ouvrier s'installe à l'ombre dans un coin du chantier.

Beaucoup de personnes s'étendent, tout *habillées*, sur un divan par exemple ; il est infiniment préférable de se mettre au lit, complètement deshabillé, c'est-à-dire au *costume de nuit* ; on évite ainsi les sueurs profuses qui affaiblissent, et la gêne de la circulation produite, pendant le sommeil, par le col, le corset, la ceinture, les jarretières, les manches au niveau de l'aisselle, etc., etc.

Il faut éviter de dormir trop après le repas, et ne pas prolonger le sommeil du jour au-delà d'une ou au plus deux heures.

— On ne saurait trop recommander le bain de mer ou la douche froide, soit le matin de bonne heure, soit dans la soirée, même deux fois par jour pendant la saison chaude.

E. — VILLES ET VILLAGES

Plus est grande l'agglomération des habitants, plus devient lourde la responsabilité d'une municipalité au point de vue de *l'hygiène publique*. A ce propos, il y a deux sujets d'études qui, par leur importance, priment tous les autres : l'*eau potable* et les *égouts*.

Pour Alger, ces deux graves questions — desquelles dépend la *vie* des contribuables — sont depuis longtemps à l'ordre du jour ; elles appellent toute l'attention des pouvoirs publics... il y a encore *beaucoup à faire*.

La santé publique dépend aussi de la *propreté des*

rues ; on constate que, sous ce rapport, de grands progrès ont été réalisés ; mais on ne saurait trop recommander aux habitants de seconder les municipalités en prenant eux-mêmes grand soin de respecter la rue en n'y jetant point d'immondices.

L'*orientation* d'une ville est encore un facteur important de l'état sanitaire ; celle de la ville d'Alger, bâtie en amphitéâtre, faisant face à l'Est, est extrêmement favorable.

Les villages européens sont presque tous bien compris : rues larges et place complantées d'arbres ; dans le plus grand nombre, il y a une fontaine sur la place publique ; quelquefois plusieurs fontaines et de l'eau courante dans la rue.

Les villages indigènes laissent beaucoup à désirer ; les hamaux kabyles sont même d'une saleté repoussante, véritables foyers d'infection.

III

CRÉATION DES CENTRES DE COLONISATION

Pour l'Administration, il n'est pas d'opération plus délicate que celle du *choix d'un emplacement pour créer un village.*

Parmi ces préoccupations, celle de l'hygiène doit tenir la première place ; car enfin, pour prospérer, le colon a besoin d'abord de vivre et de vivre en bonne santé.

Il lui faut avant tout de *l'eau potable*, d'abord pour lui et sa famille, ensuite pour ses animaux — il doit, en plus, avoir à sa disposition une quantité d'eau suffisante pour irriguer ses plantations.

Il vient donc tout naturellement à l'esprit l'idée de fonder le village près d'un cours d'eau. Mais là est l'écueil : en Algérie, le voisinage immédiat des cours d'eau est dangereux. En effet, la rivière très large pendant la saison pluvieuse devient de plus en plus maigre en été ; en se retirant elle dépose sur les bords de larges couches *d'alluvion* qui produisent la *fièvre intermittente ;* près de la berge, il reste des flaques d'eau stagnante, et pour peu que le colon y laisse arriver des eaux ménagères, des immondices quelconques, il s'en dégage des effluves pestilentielles qui deviennent l'origine de nombreuses maladies infectieuses.

A plus forte raison, le voisinage des *marais*, doit-il être évité avec soin.

On cite, dans les *Annales Algériennes*, telles localités où la population, décimée par des affections

paludéennes et plus ou moins *infectieuses*, a dû être renouvelée plusieurs fois.

Heureusement la triste expérience a porté ses fruits, et il y a lieu d'espérer qu'elle ne se renouvellera pas : On sait aujourd'hui que le hameau doit être construit à une certaine *hauteur* sur la berge ; si possible sur le flanc d'une colline, et toujours à grande distance des marais.

Il est utile de faire des plantations (eucalyptus) en forme de murs épais destinés à arrêter le vent qui amènerait les effluves des marais.

A l'occasion de la création d'un centre, il est de haute importance d'étudier la direction des vents dominants de la région ; il en est de même pour l'orientation de la rue principale.

Toujours il est bon de multiplier les plantations d'arbres, en massifs, autour du village, en tenant compte naturellement, de la direction des vents dangereux, pour une raison quelconque, ou du siroco.

Aussi bien, l'Administration supérieure — scrupuleuse — ne prend-elle une décision sur le choix de l'emplacement d'un centre à créer, qu'après s'être éclairée des avis et conseils d'hommes *compétents* en matière d'hygiène publique et habitant la contrée, ou au moins la colonie, depuis *assez longtemps* pour être au courant des conditions météorologiques du pays.

Mais, n'oublions pas de proclamer que le colon sera toujours *lui-même* responsable de la plupart de ses maladies et de celle de sa famille s'il n'observe absolument le précepte d'hygiène qui est le principal facteur d'une bonne santé, et qui se résume en un seul mot : la *propreté,* en toute chose et sous tous les rapports.

Nous ne pouvons nous résigner à clore ce chapitre sans toucher à une question brûlante d'actualité, qui est d'intérêt vital pour la France entière, mais qui l'est surtout pour l'Algérie. Cette question est celle du **Reboisement.**

Il est vraiment surprenant qu'à notre époque de science et de lumière il soit encore si difficile de faire comprendre aux masses... et même quelquefois aux pouvoirs publics... que la destruction exagérée des forêts a pour conséquence fatale la perte des cultures, la misère et les *maladies* qu'elle engendre, et finalement la ruine absolue du pays.

En Algérie, on a trop longtemps oublié cette vérité ; il importe de résister avec fermeté à une certaine tendance vers une politique sentimentale... qui aboutirait à la disparition de nos dernières forêts, laquelle entraînerait celle des sources... et la transformation de notre belle colonie en un vaste désert inhabitable.

Il faut, non seulement protéger les massifs forestiers encore existant, mais il faut à tout prix se *hâter de reboiser* les sommets et les pentes des montagnes... il y a *urgence.*

IV

ENDÉMIES. — ÉPIDÉMIES

Deux maladies *endémiques* font beaucoup de mal aux habitants de la colonie, ce sont la *fièvre intermittente* (avec les nombreuses modalités des affections *dites paludéennes)* et l'*ophtalmie granuleuse.*

On peut dire que toutes deux sont en grande partie imputables à l'inobservation des règles de l'hygiène publique et privée.

Hâtons-nous d'ajouter que toutes les deux sont depuis quelque temps en décroissance comme nombre et comme gravité.

La première, la *fièvre,* fera moins de victimes à mesure qu'aux défrichements succèdera la culture régulière et... l'*aisance* qui en résulte, celle-ci conduisant vers l'instruction et la pratique d'une bonne hygiène.

Cet important sujet sera traité au chapitre : *Hygiène du colon.*

Quant à l'*ophtalmie granuleuse* (trachome), on prévoit l'époque où sa fréquence et la gravité de ses méfaits diminueront rapidement ; la maladie, mieux connue aujourd'hui, est traitée avec un succès grandissant chaque jour, et les populations européennes commencent à comprendre l'importance d'une bonne hygiène et de la *propreté,* pour la conservation de l'intégrité des organes de la vue.

Malheureusement, en pays indigène il sera longtemps encore presque impossible d'obtenir ces résultats dans les agglomérations d'habitants (villages Kabyles, K'çours du Sud, etc.)

L'*épidémie* qui fait le plus de ravages est la *variole*. Là aussi on peut se réjouir d'un progrès manifeste dû au soin avec lequel l'Administration supérieure dirige la guerre au fléau.

Grâce à l'influence de MM. les Administrateurs et au zèle des médecins vaccinateurs, les indigènes, Arabes et Kabyles, se montrent chaque année plus empressés à accepter la vaccination. Quand cette mesure prophylactique sera déclarée *obligatoire* pour tous, européens et indigènes, les épidémies disparaîtront du territoire algérien, la variole deviendra une rareté.

V

HIVERNEURS

Le *doux climat d'Alger* attire tous les ans un nombre considérable de valétudinaires et de touristes fuyant les rigueurs de l'hiver des régions tempérées.

Il est utile de leur faire quelques recommandations au moment de leur débarquement sur la terre algérienne.

1° Durant toute la saison d'hiver, même par le plus beau temps, il y a chaque jour un abaissement sensible et brusque de la température après 4 heures du soir ; il est donc nécessaire que les personnes de santé délicate ne prolongent pas la promenade au-delà de ce terme, ou que, pour le moins elles soient munies d'un vêtement pour se couvrir davantage à ce moment.

Très souvent la température se relève après 8 heures du soir.

2° L'hiverneur doit choisir un appartement dont les fenêtres sont du côté Est, Sud-Est, ou Sud ; il évitera soigneusement les chambres ouvertes au Nord, Nord-Ouest.

3° Les habitants du Nord et des régions tempérées sont habitués aux planchers de bois (parquets). En Algérie ils trouvent des dalles, des tomettes, en un mot de la pierre ; c'est là une cause de refroidissement même en chambre, si celle-ci n'est pas garnie de tapis épais et si le pensionnaire porte — au lever — des pantouffles à semelles trop minces.

4° Pendant la saison pluvieuse l'hiverneur doit éviter avec le plus grand soin de garder des chaussures humides.

5° Il sera prudent, quoique en pays essentiellement méridional, de porter toujours des vêtements de laine.

VI

CONSEIL ET COMMISSION D'HYGIÈNE

ET DE SALUBRITÉ PUBLIQUE

En Algérie, il existe au chef-lieu de chaque département *un Conseil d'hygiène et de salubrité publique* présidé par le Préfet ou par un délégué du Préfet. Il en a été établi également par des arrêtés gouvernementaux pris en exécution de l'article 2 du décret du 23 avril 1852 dans les villes désignées ci-après, savoir : Orléansville, Miliana, Médéa, Tizi-Ouzou, Bône, Sétif, Bougie, Guelma, Batna, Mascara, Tlemcen et Sidi-bel-Abbès.

Les Conseils d'hygiène se composent de membres de droits et de membres nommés par l'autorité administrative.

Des *Commissions d'hygiène publique* ou des correspondants peuvent être institués dans les villes non chefs-lieux d'arrondissement par le Préfet en territoire civil, et le Général Commandant la Division, en territoire de commandement ; ces commissions sont présidées par le Maire ou l'Administrateur de commune mixte en territoire civil, par le Commandant supérieur ou le maire de la commune mixte ou de la commune indigène en territoire de commandement.

Elles sont composées du président et de quatre membres nommés par l'autorité administrative ainsi que les correspondants.

Les Conseils et les Commissions d'hygiène ont pour

mission de donner leur avis sur toutes les questions relatives à l'hygiène publique qui leur sont soumises par l'autorité administrative.

Le Conseil d'hygiène du chef-lieu de département est chargé de faire chaque année un rapport général sur l'hygiène publique et la salubrité du département.

Dr Prof. Ed. BRUCH.

HYGIÈNE DU COLON

LE COLON ALGÉRIEN. — HYGIÈNE RURALE

INTRODUCTION

Après le soldat, qui a si vaillamment conquis le sol algérien, est venu le colon, qui, par son labeur incessant, opiniâtre et rude, a défriché ce sol, et l'a transformé d'une façon digne de tous éloges.

Quand on se reporte par la pensée à ce qu'était l'Algérie au moment de la conquête, on est saisi d'admiration pour les immenses progrès accomplis, progrès qui ont assuré son développement et son avenir.

Depuis son occupation, il s'est produit une révolution dans les moyens de communication, soit avec la Métropole, soit sur toute la surface de l'Algérie.

Aujourd'hui, on dispose des câbles sous-marins et des lignes télégraphiques qui assurent les communications immédiates entre un point quelconque de l'Algérie, et un point quelconque de la Métropole.

Autrefois, les voyages de France en Algérie, n'avaient lieu que rarement, et sur de modestes vapeurs ; aujourd'hui, les communications, presque journalières, ont lieu avec de magnifiques paquebots, qui franchissent la distance qui nous sépare de la France, presque en 24 heures. Le transport des marchandises qui viennent de France en Algérie ou que l'Algérie envoie en France, qui s'effectuaient autrefois, au moyen de voiliers, s'effectuent aujourd'hui au moyen de bateaux à vapeur.

En ce qui concerne les communications entre les divers points de l'Algérie, la tâche était considérable ; les voies de communication manquaient absolument, l'on est resté jusqu'en 1870, pour pouvoir se rendre d'Alger à Constantine. Aujourd'hui, l'immense surface de la colonie est sillonée par des réseaux de chemins de fer, des routes nationales, départementales et des chemins vicinaux. Quoiqu'il reste encore à faire sur ce point, il n'en faut pas moins reconnaître que de grands progrès ont été accomplis.

Importance du colon. - L'occupation de l'Algérie a entrainé pour la France, l'obligation de la coloniser, pour la peupler d'éléments français et assurer aussi sa possession définitive.

Le colon a donc une importance indéniable ; l'attirer dans ce pays, doit être le but que doit poursuivre le Gouvernement.

Avec l'outillage, décrit plus haut, que l'Etat a mis à sa disposition et qui sera certainement perfectionné encore, le colon prend une importance qui répond à tous les efforts faits pour assurer l'avenir de l'Algérie.

Au début de la colonisation, la tâche était rude, le laboureur avait son fusil sur l'épaule ; la terre était occupée par les Indigènes qui le voyaient d'un très mauvais œil. Il était obligé de garder la récolte et d'assurer la sécurité des siens. Peu à peu, ces difficultés ont diminué, et il a trouvé dans l'indigène un auxiliaire puissant pour ses pénibles travaux. C'est ainsi qu'il a été démontré que l'Indigène pouvait très bien vivre à ses côtés.

D'ailleurs, au point de vue du sol et du climat, les difficultés étaient encore plus grandes. Il fallait défricher, remuer le sol et cela dans le voisinage de régions marécageuses, aux miasmes pestilentiels. Les conséquences de ces travaux ne tardèrent pas à influer sur la santé du colon, toute une première génération succomba à la peine. C'est alors que se posa comme un axiome, que l'on ne pouvait coloniser en Algérie, sans s'exposer à l'impaludisme.

L'Etat fit de grands efforts pour combattre le mal ; d'importants travaux de dessèchement furent exécutés, et telle contrée qui, comme Boufarik, Staouéli, par exemple, avaient été décimées, présentent aujourd'hui l'aspect d'une contrée fertile et des plus florissantes.

L'assainissement y est aujourd'hui complet.

Il est vrai que dans cette lutte incessante entre la maladie et le climat, le colon a été bien aidé par l'emploi d'un remède héroïque : le sulfate de quinine, dont la vulgarisation a été faite par l'éminent docteur Maillot, que l'on peut placer au premier rang des bienfaiteurs de l'Algérie.

L'Algérie reconnaissante, lui a élevé un buste sur une des places publiques de la ville d'Alger.

Etat actuel du colon. — En Algérie, comme en France, le travail et l'ordre conduisent au bien être. De nombreux exemples viennent à l'appui de cette maxime.

Il n'est pas rare de rencontrer dans la plupart des

anciens centres de colonisation, des colons de la première heure, qui, à force de travail, ont augmenté la surface de leurs terres, créé de magnifiques vignobles, et le tout constitués de revenus très importants. Cependant, ils ont eu à lutter avec des fléaux inconnus en France, tels que le siroco, la sécheresse et les sauterelles. Rien ne les a rebuté ; en lutte constante avec les éléments naturels, leur courage n'a fait que grandir, aussi admire-t-on en maints endroits ces beaux domaines, qui peuvent rivaliser avec beaucoup d'autres de la Mère-Patrie.

Le climat est loin d'avoir le caractère excessif, que la méconnaissance la plus complète de l'hygiène lui avait fait attribuer. L'Algérie a aussi son climat privilégié ; l'hiver, les valétudinaires et les touristes français ou étrangers viennent y séjourner et y jouir d'une température douce et bienfaisante ; l'été, il est facile de trouver, soit sur le littoral, soit sur les hauteurs du sahel ou de l'Atlas, des conditions climatériques identiques à celles que l'on observe en France.

En résumé, la démonstration est faite victorieusement par le colon que l'agriculture en Algérie, est un des meilleurs placements des capitaux et qu'avec de la persévérance, de l'ordre et du travail, on peut y faire fructifier le capital aussi bien que dans l'industrie, le commerce, et surtout les banques à l'étranger.

Habitations. — Les règles administratives exigent que le colon, recruté en France, possède un petit capital de 5.000 francs. Arrivé sur son lot de concession, le colon doit donc, avec cette somme, procéder à son installation, faire les premiers travaux de culture et vivre lui et sa famille, jusqu'à la prochaine récolte. En attribuant à chacun de ses besoins, le crédit qui lui est nécessaire, l'on voit qu'il ne peut disposer que d'une somme de 2.000 francs environ, pour procéder à son installation. Avec pareille somme, il ne peut évidemment pas construire un château, ni même une ferme modeste, en bonne maçonnerie. Il doit recourir à une installation absolument provisoire.

La première demeure est constituée par une baraque en planches ou bien par une construction, dont les murs sont constitués par un pisé de terre et paille et dont la toiture est en planches recouvertes de tuiles, ou bien encore par l'habitation usité en pays indigène : le Gourbi.

Toutes ces installations laissent certainement à désirer, au point de vue de l'hygiène, mais celle qui est la plus approprié au pays et la plus économique, est encore le gourbi, lorsque les parois en broussailles ou en roseaux sont recouverts d'un torchis blanchi à la chaux et que la toiture est constituée par une épaisse couche de diss, qui met l'intérieur à l'abri du chaud ou du froid de l'extérieur.

Une première année peut se passer ainsi, à la première récolte, l'on conserve la construction provisoire et l'on commence l'installation définitive en bonne maçonnerie. Celle-ci va toutes les années en augmentant jusqu'à ce qu'enfin elle soit amenée à son état définitif. Les choses ne se passent pas toujours ainsi ; lorsque le colon est installé dans un village, il doit construire le long des rues projetées, il n'est donc pas le maître de choisir l'exposition de sa maisonnette; il doit faire celle-ci en maçonnerie et il se contente pour commencer d'une ou deux pièces avec un petit hangar adossé à l'habitation, et les améliorations ne viennent que lentement. L'Etat en envoyant en 1848, des parisiens coloniser en Algérie, avait fait construire des habitations pour les recevoir, et l'on en voit encore en assez grand nombre à Mouzaïaville, El-Affroun, Ameur-el-Aïn, etc.

Tous les colons ne se trouvent pas dans les mêmes conditions. Il en fut de même pour recevoir les Alsaciens-Lorrains venus en Algérie, à la suite de la guerre de 1870.

Toutes ces maisons sont construites dans de bonnes conditions, et peuvent être prises comme modèles, tant à ce point de vue, qu'a celui de l'hygiène.

Cette question d'habitation a été traitée par le Dr Trolard, dans une brochure intitulée la maison du colon, dans laquelle il est fait de très judicieuses observations ; il est à remarquer que dans les types accompagnant cette brochure, l'habitation est entourée d'une véranda, c'est là un système excellent, parce qu'il met les murs de la maison à l'abri de la pluie et surtout du soleil en formant une dépendance des plus utiles. L'inconvénient de ce système est qu'il est un peu coûteux, pour une installation, qui au début doit être des plus économiques.

Il est enfin une autre genre d'installation, depuis un assez grand nombre d'années, surtout depuis la propagation de la culture de la vigne, de grands propriétaires de France ont acquis en Algérie des domaines d'une assez vaste étendue ; pendant que le défoncement du sol s'opère au moyen de la charrue à vapeur, la maison d'habitation avec les dépendances, la cave avec ses accessoires, la ferme avec des écuries, s'élève simultanément, sur des plans le plus souvent dressés en France. Dans ces installations presque luxueuses, l'on retrouve appliquées toutes les règles de construction, d'hygiène et même de bien-être, plut à Dieu que tous les colons dans leur début, puissent avoir des capitaux, leur permettant de faire des constructions, sinon aussi luxueuses, au moins assurant leur bien-être.

Il est une autre mode d'installation qui atténue dans une large mesure, les difficultés du début ; c'est celle qui est faite par les colons algériens. Les familles des premiers colons ont essaimé, leurs enfants obtiennent une concession. Alors le colon ne se trouve plus seul, en face des premières difficultés, il est aidé par la famille qui lui fournit le cheptel, les semences, l'existence même et contribue à l'édification de la demeure.

Dans le récent discours que M. le Gouverneur général Laferrière, a prononcé à Médéa, ce haut fonctionnaire a promis que désormais, les concessions seraient partagées, en nombre égal, entre les colons algériens, et ceux provenant de la Métropole.

C'est là une très sage mesure, car s'il est du devoir de l'Administration d'introduire de nouveaux colons, venant de la mère Patrie, on ne doit pas moins tenir compte de ceux qui sont nés, et ont été élevés dans la culture en Algérie.

Hygiène. — Il semblerait que l'installation du colon faite généralement dans un endroit élevé, salubre, très aérée, le mette à l'abri de tous les inconvénients qui résultent d'une mauvaise hygiène, mais il est loin d'en être ainsi ; et si ces conditions sont essentielles pour sa santé, il n'en faut pas moins, qu'il suive les règles sévères d'une bonne hygiène.

Ce serait en effet une erreur de croire que l'on peut se passer de ces règles essentielles, car tout s'enchaîne. Si un village périclite à ce point de vue, le village voisin ne tardera pas à être atteint à son tour par contagion. Il est en effet nécessaire dans l'intérêt de tous de sauvegarder la santé et la vie d'un chacun. Le colon est obligé de vivre à côté d'animaux domestiques ; d'une autre part il ne peut disposer comme dans les grandes villes, d'artères souterraines qui conduisent au loin les déjections, et les eaux insalubres, tout ce qui peut être cause de putréfaction et de fermentation. Il y a là de graves inconvénients, contre lesquels, il est essentiel de réagir surtout dans les villages, où l'agglomération des hommes et des animaux devient importante.

Aussi dans les lots de certains villages importants, des fumiers ne devraient pas être accumulés, des matières fécales ne devraient point être jetées sur ces fumiers, et l'obligation de construire des fosses étanches devrait être rigoureusement imposée.

C'est là l'origine bien souvent de graves épidémies dont on ne surprend la cause au premier abord, et qu'un examen attentif de la situation découvre ensuite, mais alors que le mal a déjà fait des ravages. Les maladies résultant de cet état de choses, sont principalement la fièvre typhoïde, dysenterie, la diphtérie et toutes les maladies contagieuses à l'excès.

Les écuries doivent être parfaitement tenues, la litière renouvelée tous les jours, et les fumiers déposés dans la cour ne devraient y séjourner que peu de temps, et être transportés au loin. Le voisinage des animaux engendre des maladies contre lesquelles le colon doit se prémunir avec grand soin ; ces maladies sont la rage, la morve, le charbon, la tuberculose, etc.

Vêtements. — Les indigènes par le vêtement qu'ils portent nous indiquent le vêtement le plus approprié au climat. Vêtements de laine, assez amples pour assurer les mouvements du corps. La laine a en effet cet avantage, en hiver de conserver la chaleur du corps, et en été d'éviter les brusques refroidissements très fréquents dans ce pays.

Il y a lieu de conseiller pour la coiffure, les chapeaux de feutre, ou de paille à larges bords et de préférence le casque en sureau pendant toute la période estivale.

L'indigène se prémunit contre les ardeurs du soleil avec une coiffure épaisse qui lui recouvre la tête.

Alimentation. — Le colon doit être sobre, sous ce rapport les colons n'égaleront jamais la sobriété de l'indigène. Quand aux boissons, elles devraient être limitées exclusivement au vin, à l'eau, à la bière, aux boissons rafraichissantes, et toutes les liqueurs à base d'alcool, devraient être rigoureusement proscrites.

Les inconvénients de l'alcool sont plus redoutables dans les pays chauds, que dans les pays froids. Depuis les troubles les plus légers des fonctions digestives, jusqu'aux altérations les plus graves du système nerveux avec accès convulsifs, paralysie ou démence, on retrouve la trace terrible des ravages exercés par ce toxique.

La vie du colon doit être rigoureusement réglée. levé le premier il doit se rendre à ses écuries, et soigner les bêtes ; c'est là son premier soin ; puis avant de se rendre aux champs il doit prendre un premier repas. La régularité dans les repas, la sobriété dans les boissons, sont des règles hygiéniques à suivre. La journée accomplie, il doit se coucher de bonne heure, pour réparer les forces, et les renouveler pour le lendemain.

Lorsque ces préceptes sont rigoureusement suivis, on voit des colons arriver à un âge très avancé, avec une vieillesse encore verte, et jouissant jusqu'à la dernière heure, de leurs forces, et de leur intelligence.

Pathologie. — Les maladies endémiques qui règnent principalement, pendant la saison chaude sont les maladies de la peau, à citer particulièrement la gale bédouine, cette affection précédée de sueurs, de démangeaisons est caractérisée par une éruption très confluente, ou une suite d'éruptions successives, pouvant se prolonger pendant plusieurs semaines, les furoncles, si rebelles, si tenaces quelquefois et nécessitant le changement de résidence.

Quant à l'ophtalmie catarrhale et granuleuse, cette dernière affection a été de la part de l'éminent Directeur de l'Ecole de médecine le Dr Bruch, l'objet d'un travail spécial très documenté concernant sa prophylaxie et son traitement. La pathologie algérienne est bien exposée dans l'excellent ouvrage que vient de faire paraître le Professeur Brault.

Les maladies épidémiques que l'on rencontre le plus souvent sont : la fièvre typhoïde, le typhus, la dysenterie, la coqueluche, la rougeole, la variole. Cette dernière affection encore répandue chez les indigènes, cause souvent des ravagss, car ils sont réfractaires aux mesures prophylactiques de la vaccination et de la revaccination. Il y a 6 ans qu'un vœu fut déposé par moi au Conseil général, par lequel je demandais qu'on rendit la vaccination obligatoire pour la Colonie. Ce vœu fut adopté par cette assemblée. Jusqu'à ce jour aucune sanction n'a été donnée. Cette mesure s'impose, car ce sera là un bienfait considérable.

« La vaccine est la sauvegarde des populations qu'elle préserve d'un fléau redoutable. Elle conserve à l'Etat des citoyens.

« La vaccine obligatoire s'impose, en vertu de l'intérêt général et particulier.

« En hygiène comme en politique, pour obtenir la paix des ennemis qui nous entourent, il faut être toujours armé (Blot). »

Dr BORDO.

HYGIÈNE DES INDIGÈNES ALGÉRIENS

INTRODUCTION

L'Algérie renferme à l'heure actuelle une population totale de 4.377.000 habitants, répartis sur un territoire plus grand que la France.

Cette population, au point de vue de ses origines et de sa nationalité comprend 384.000 Français, 237.000 Européens et 3.756.000 Indigènes. La première catégorie est formée de 275.000 Français de naissance et de 109.000 naturalisés, dont 53 000 Israélites.

Le simple énoncé de ces chiffres (1) nous permet de constater immédiatement que les Indigènes sont dix fois plus nombreux que les Français et six fois plus nombreux que toutes les autres populations réunies de l'Algérie. Il nous permet de mesurer aussi tout l'intérêt qui s'attache à l'étude des conditions de la vie arabe, soit qu'on la considère dans sa forme normale et qu'on la rapproche des coutumes européennes, soit qu'on l'examine sous le rapport de la maladie. Comment vivent les indigènes à l'état de santé ? Comment sont-ils soignés lorsqu'ils sont malades ? Quels sont les progrès réalisés depuis notre établissement dans le pays ?

(1) Extraits du discours prononcé par M. le Gouverneur général de l'Algérie à la Chambre des députés, le 25 mai 1899.

Nous étudierons succintement ces questions en divisant notre travail en deux parties et en traitant successivement l'hygiène et l'assistance chez les indigènes.

I

L'HYGIÈNE CHEZ LES INDIGÈNES

Tous ceux qui ont vécu en Algérie ou en pays musulman sentiront combien ces mots l'hygiène et les Indigènes jurent de se trouver réunis.

L'hygiène tout entière des Arabes est renfermée dans le Coran. Certes, les règles qu'il prescrit sont excellentes et ont placé pendant fort longtemps ceux qui les ont suivies au premier rang de la civilisation.

On ne saurait nier qu'il ne soit passé quelque chose depuis l'époque où le Prophète a écrit le Livre Sacré.

Les progrès réalisés durant cette vaste période sont demeurés lettre morte pour les populations qui ont embrassé l'Islamisme. Il est facile de comprendre qu'il en soit ainsi ; la raison immédiate en est des plus simples.

La foi des disciples de Mahomet est aujourd'hui aussi profonde qu'il y a plusieurs siècles. L'Islamisme est un bloc resté intact et dont pas une seule pierre ne s'est détachée.

Le Coran vient directement de Dieu. Tous les croyants doivent l'apprendre par cœur et le suivre fidèlement à la lettre. Nul n'a le droit de commenter ou d'interpréter la parole de Dieu, à plus forte raison de la modifier.

Le croyant d'aujourd'hui est presque exactement le même que celui de l'Hégire ; il a été coulé dans le même moule demeuré intact.

Nous nous faisons étrangement illusion lorsque nous supposons qu'un habitant de ces pays mort depuis plusieurs siècles, renaissant à la vie et parcourant les lieux où s'est déroulé son existence manifesterait quelque surprise en trouvant des routes, des chemins de fer, des fils télégraphiques, de grandes villes composées de superbes maisons ; son plus grand étonnement serait de voir les Croyants gouvernés par les Infidèles.

Qu'il nous soit permis de citer un fait qui peint mieux que toutes les disgressions l'état d'esprit des Indigènes.

Au moment de la construction d'une ligne télégraphique reliant El-Oued à Biskra, l'ingénieur des télégraphes procédait en même temps à des expériences téléphoniques pour rechercher s'il était possible de transmettre la parole à de grandes distances au moyen de fils ordinaires du télégraphe. Il proposa au caïd d'El-Oued de lui permettre d'échanger quelques paroles avec un de ses collègues distant de plus de cent kilomètres. Le caïd croit tout d'abord à une mystification ; et ce n'est qu'après avoir posé à son coreligionnaire des questions auxquelles seul il était en mesure de répondre, qu'il a été convaincu de la possibilité de parler à de telles distances. Vous pensez que cet homme a manifesté quelque surprise et qu'il a admiré une découverte si merveilleuse? Il est resté aussi impassible que s'il s'était trouvé en présence de son interlocuteur.

Etudier les conditions de la vie arabe en Algérie, c'est étudier les conditions de la vie musulmane dans le temps et dans l'espace. On trouve bien suivant les régions quelques différences : elles sont plus apparentes que réelles et affectent les sommets de la hiérarchie sociale. Qu'on explore la masse la plus nombreuse, celle des travailleurs, et l'on sera surpris de l'uniformité imprimée par une religion répandue sur les trois continents de l'ancien monde et pratiquée par la dixième partie des habitants de la terre.

Nous ne pouvons entrer dans tous les détails de l'hygiène des Indigènes algériens ; nous nous bornerons à brosser un tableau d'ensemble en mettant en relief les défectuosités qui nous intéressent. Nous envisagerons successivement : l'habitation, les vêtements, l'alimentation, les eaux de boisson, les immondices ; quelques stades de la vie sociale, tels que la naissance, le mariage, le décès et les cimetières.

1° L'HABITATION

Les Musulmans algériens se divisent en deux races principales : les Arabes et les Berbères. Il s'en faut qu'on soit complètement fixé sur les caractères ethnographiques et historiques de ces deux races.

Au point de vue qui nous occupe, ils se répartissent en deux grandes catégories, ceux qui vivent sous la tente, ceux qui sont abrités par des habitations fixes, gourbis ou maisons.

D'une façon générale, les Arabes, nomades par nature ou par nécessité, ont adopté la tente, tandis que les Berbères, plus sédentaires, construisent des maisons. Cette règle n'est pas absolue et souffre de nombreuses exception. Au reste il importe peu que la tente ou le gourbi soient habités par un arabe ou un kabyle. La construction de l'édifice est toujours la même comme aussi les coutumes de ceux qui l'habitent.

Nous passerons rapidement en revue chacun de ces modes d'habitation.

La tente. — Un campement arabe impressionne et intéresse toujours celui qui le voit pour la première fois.

Lorsqu'on les contemple d'une certaine distance les tentes se présentent sous l'aspect de masses aplaties de couleur sombre, se détachant vivement du terrain rougeâtre et nu sur lequel elles sont dressées. On croirait se trouver en présence d'un vol de chauves-souris immenses qui se sont arrêtées après une longue course, étalant au soleil leurs ailes fatiguées.

Rapprochons-nous et pénétrons dans le campement pour voir la composition d'une tente et pour examiner son intérieur.

La tente se compose de bandes de laine et de poil de chameau, tissées par les femmes, d'après un modèle uniforme. Ces bandes ont huit mètres de long sur soixante-quinze centimètres de large ; elles affectent généralement deux couleurs, brune et blanche, courant sur toute la longueur de la bande. Le brun domine la plupart du temps et donne à la tente cet aspect sombre que l'on remarque à distance.

« Un poteau ayant 2m50 de haut et deux perches de 2m soutiennent l'édifice de la tente. Les extrémités de la tente sont fixées au sol à l'aide de cordes de laine s'enroulant autour de piquets plantés en terre.

L'entrée de la tente regarde l'intérieur du *douar*.

On appelle *douar* la réunion d'un certain nombre de tentes placées en rond, et habitées généralement, par des membres de la même famille.

Il n'existe aucun meuble, sauf les ustensiles de cuisine.

L'eau est renfermée dans des peaux de bouc goudronnées à l'intérieur, et munies de leurs poils à l'extérieur.

Deux grosses pierres réunies forment le foyer généralement placé du côté de la campagne ; une marmite en terre, fabriquée par les femmes sert à confectionner le repas. Quelques tasses en bois ou en terre, un plat en tronc de cône fabriqué en alfa ou en diss et nommé *keskes*, un plat en bois dit *guessâa*, voilà toute la série des ustensiles de cuisine.

Si la tente est riche, elle possède un tapis ; quelquefois deux, c'est l'exception. La grande généralité des indigènes couche sur des nattes d'alfa ou de diss (1). »

La tente est séparée en deux compartiments par une cloison en tissu : dans l'une de ces divisions se trouvent les femmes, tandis que dans l'autre le mari, le maître de la tente se tient pour recevoir ses amis et ses visiteurs.

Il est impossible de chauffer en hiver une semblable habitation, comme il est impossible de se pro-

---

(1) Lieutenant-colonel Villot, *Mœurs, Coutumes et Institutions des indigènes de l'Algérie.*

téger contre la chaleur insupportable qui y règne en été.

Les inconvénients les plus saillants de la tente au point de vue de l'hygiène sont la promiscuité dans laquelle vivent ceux qui l'habitent. Il en résulte que toutes les maladies contagieuses se transmettent avec la plus grande facilité. Ces défauts sont également communs aux habitations sédentaires ; nous aurons l'occasion d'en reparler.

Un des inconvénients les plus graves des nomades est leur migration sur de grandes distances, leur permettant de transporter le germe des maladies contagieuses dans tous les pays qu'ils traverseront. C'est ainsi d'ailleurs que se sont déjà propagées les épidémies de choléra en Algérie.

Aujourd'hui, ces modes de propagation sont bien étudiés ; il serait possible de prendre des mesures propres à en empêcher les effets désastreux.

Les insectes pullulent dans un pareil milieu avec une facilité incroyable, insectes de toutes les couleurs, de toutes les catégories, de toutes les tailles. Les plus agiles ont rapidement envahi le voyageur européen qui s'est arrêté quelques instants sous une tente. S'il se propose d'y passer la nuit, il doit être pourvu d'un sommeil à toute épreuve, pour lui permettre de résister à des assauts innombrables se produisant sur tous les points à la fois, et causant des démangeaisons impossibles à se figurer pour quiconque ne les a pas ressenties.

Le gourbi et la maison. — Le *gourbi* constitue la maison la plus primitive. Il se compose de quatre murs en pierre grossièrement maçonnés avec de la terre ; une toiture en diss le protège contre la pluie et le soleil.

« Ces gourbis qu'on décore du nom de maisons quelquefois, n'ont ni portes, ni fenêtres, ni foyers, ni cheminées. Le sol, inégal et humide, est couvert des immondices des animaux qui couchent pêle-mêle avec les maîtres de la maison. Ceux-ci, couverts de vermine et tourmentés par des insectes de tous genres, se hâtent de reprendre la tente dès que le doux printemps est venu réchauffer la température (1). »

Le mobilier est aussi sommaire que celui de la tente.

Le gourbi est divisé en deux parties par un tapis arabe ou par un tissu de fabrication européenne ; l'une de ces divisions, celle qui est la plus rapprochée de la porte, sert de lieu de réunion aux hommes ; elle représente à la fois la salle à manger, le salon et le fumoir ; l'autre pièce, la plus retirée, est consacrée au gynécée et le soustrait aux regards indiscrets des visiteurs.

Nous trouvons dans le gourbi, la même promiscuité que sous la tente, promiscuité commune aux hommes, aux femmes et aux enfants. Cette vie intime dans laquelle évoluent pêle-mêle le mari, la femme, les garçons, les filles, quelquefois même les animaux. est le sujet d'un vif étonnement pour celui qui le contemple pour la première fois.

Les maisons arabes sont bâties d'une façon différente à la ville et à la campagne.

---

(1) Villot, *Loc. cit.*

La maison urbaine est extrêmement bien comprise pour protéger de la chaleur ceux qui l'habitent.

Elle séduit le regard par sa couleur blanche, ses proportions harmonieuses ; son toit en terrasse, des fenêtres petites, ornées de barreaux de fer aux contours variés, sa porte ouvragée, réalisant souvent une formule artistique des plus heureuses.

L'art arabe n'a pu se développer dans la peinture, ni dans la sculpture, puisque la reproduction de l'homme lui est interdite par le Coran. Elle a pris son essor du côté de l'architecture et là, a produit des merveilles, au point de vue des monuments publics, comme aussi sous le rapport de l'habitation privée.

Les mœurs arabes s'accomodent peu de la vie extérieure. La famille est vouée à passer son existence dans l'intérieur, en prenant un contact aussi restreint que possible avec le dehors. Il était donc naturel que la maison fut construite dans les conditions les plus confortables ; ces conditions ont été très bien réalisées par la maison mauresque.

Les murailles épaisses s'opposent en effet à l'entrée de la chaleur de l'été. La terrasse est matelassée par une épaisse couche de terre, ne permettant pas à la somme colossale de chaleur qui l'inonde de descendre au-delà de quelques centimètres. Les croisées sont petites et s'opposent à l'entrée de la radiation du soleil. Une cour intérieure donne de l'air et entretient la fraîcheur de l'ensemble.

Toutes les personnes qui ont vécu dans ces habitations sont unanimes à reconnaître ses avantages pendant la mauvaise saison. En Algérie, la mauvaise saison est l'été ; l'élément le plus redoutable pour ce pays n'est pas le froid, contre lequel on se garantit, mais la chaleur contre laquelle il est si difficile de lutter.

Voyez ce qui se passe dans les environs d'Alger et particulièrement sur les coteaux d'El-Biar. Toutes les belles maisons de campagne sont construites sur le style mauresque ; leur note blanche, entourée du vert de la végétation, donne à cette région une apparence des plus riantes et en fait un des endroits de villégiature les plus recherchés par les Algérois. Essayez de louer l'une de ces villas : il vous sera impossible de rien vous procurer si vous ne vous y prenez longtemps à l'avance.

Après la conquête de l'Algérie, nous avons commis beaucoup d'erreurs. L'une des plus grandes a été de ne pas nous inspirer des usages des habitants du pays. Nos architectes nous ont bâti des maisons comme on en construirait à Paris, à Lille ou à Nancy. Que si par hasard, quelque esprit était assez hardi pour se soustraire à l'atavisme, il était tancé d'importance et n'avait aucun avenir.

L'erreur, il faut bien le dire, était partie de haut et de loin. Elle venait du haut commandement et émanait de Paris.

Nous avons trouvé un plan de la ville d'Alger daté de 1847. Ce plan est précieux pour l'histoire locale, parce qu'il indique les déformations, les mutilations que l'autorité supérieure se proposait déjà d'infliger à l'antique capitale des Deys.

Quelques modifications sont heureuses et constituent des progrès. On peut citer, comme rentrant dans ce cadre, la construction du port, celle du boulevard de la République et peut-être aussi celle de la rue de la Lyre. D'autres, sont désastreuses et ont inauguré l'ère de vandalisme qui a abouti à la mutilation de la Casba.

On n'y allait pas de main morte pour améliorer la ville arabe : on la découpait en tranches, en carrés géométriques au moyen de rues projetées. L'une de de ces rues était perpendiculaires à la mer, elle divisait la ville en deux parties égales : son amorce se trouvait place du Gouvernement, rue Vialar, sa terminaison rue de la Gazelle, débouchant au boulevard de la Victoire. La direction de cette voie nouvelle — désignés sur le plan sous le nom de rue Royale — était rigoureusement rectiligne. Deux autres rues étaient parallèles au littoral : la rue Randon (appelée alors rue du Centre) et la rue Montpensier.

Une seule de ces rues a été réalisée : la rue Randon ; on sait avec quel remarquable insuccès, tant pour le cachet original que pour les intérêts de la cité.

Il était d'autant plus facile de construire une ville nouvelle du côté de Mustapha que le terrain était à ce moment sans valeur. Malheureusement l'Algérie, à cette époque déjà lointaine, n'a pas eu à sa tête des hommes possédant la prescience de l'avenir. Or, si elle les a rencontré, elle a été la victime de l'instabilité de son époque et n'a pu les conserver assez longtemps.

La maison indigène du Sud est bâtie à l'aide de moellons artificiels, constitués par de la terre séchée au soleil. Ces matériaux ne sont pas assez solides pour permettre d'élever des étages ; ils expliquent pourquoi ces habitations ne présentent qu'un rez-de-chaussée. Elles sont recouvertes d'une terrasse, sur laquelle les femmes se rendent pour respirer, le soir, un peu de fraicheur. Les murs sont recouverts, à l'extérieur, d'un enduit épais à la chaux, s'opposant à l'infiltration de l'eau et à la désagrégation des murs, A l'intérieur, ils sont badigeonnés à la chaux, et ce badigeonnage est renouvelé assez fréquemment pour constituer une cause d'assainissement de la maison arabe. Le plancher est représenté par le sol, non pavé, non dallé, mais recouvert de nattes et de tapis.

La division intérieure et l'ameublement sont les mêmes que pour la tente et le gourbi. La caractéristique au point de vue qui nous occupe est l'agglomération d'un nombre considérable d'habitants comprenant souvent des animaux variés faisant songer par leur réunion à un Arche de Noé — trop considérable pour le volume d'air de l'habitation. Cet inconvénient est atténué par le défaut de fermetures aux portes et aux croisées. Cette promiscuité, que nous trouverons partout dans la vie arabe, facilite la propagation des maladies contagieuses et permet de comprendre le nombre énorme de teigneux, d'aveugles consécutifs à l'ophtalmie granuleuse qu'on trouve dans certaines régions. Elle explique la mortalité si élevée lorsqu'une épidémie de choléra ou de variole éclate dans un douar.

La tuberculose est très répandue parmi les Indigènes. Ils sont moins favorisés que leurs animaux domestiques, parmi lesquels cette maladie est pour ainsi dire inconnue. On doit attribuer à la contagion, rendue si facile par la promiscuité de l'habitation, la fréquence de la tuberculose.

Nous avons soigné à Bouzaréa une famille arabe qui a été presque entièrement détruite en quelques années par la tuberculose. La mère d'abord a été emporté ; puis le père, ensuite deux enfants ont succombé au même mal. Il n'a échappé que deux garçons ; les deux aînés qui travaillaient dans les fermes européennes du voisinage et n'étaient pas exposés de la sorte à respirer les crachats pulvérisés répandus dans l'atmosphère du gourbi.

2° LE VÊTEMENT

Le vêtement des indigènes est extrêmement simple. Par suite de leur séjour plusieurs fois séculaire dans le pays, pour se conformer aussi aux obligations religieuses, il a été adapté aux conditions climatériques les plus propres à favoriser celui qui le porte.

L'erreur commise par les européens pour l'habitation a été commise aussi pour le vêtement. En s'installant dans le pays, ils ont conservé pour se vêtir les habitudes de France. La puissance de l'habitude est telle que nous étouffons tous les étés dans nos vêtements étriqués, mais que nous n'en continuons pas moins de les porter.

Il ne faudrait pas confondre les superbes costumes dont les arabes riches sont revêtus, avec ceux qui servent à protéger la presque totalité de la population indigène.

On doit avoir en vue ces derniers seulement lorsqu'on veut parler du vêtement des Indigènes de l'Algérie.

Le vêtement arabe, dans l'immense majorité des cas est extrêmement rudimentaire.

La tête est recouverte d'une calotte rouge — la *chéchia*. Quelquefois elle est complétée par une étoffe blanche fixée autour de la tête par une corde en poil de chameau.

Chez les plus pauvres parmi ces pauvres, la chéchia n'a pas de fin : elle se recouvre à la longue sur ses deux faces d'un enduit noirâtre qui en indique les longs services.

Le corps est revêtu d'une sorte de chemise sans manches, en laine ou en coton *(gandoura)*.

Le burnous complète le costume de l'Arabe. Il est fabriqué avec la laine de ses moutons et tissé par les mains de ses femmes. « C'est dans ce vêtement que doit vivre et mourir tout sectateur de l'Islam (1). »

L'allure fière, la tenue pleine de dignité, l'aspect imposant que donne le burnous sont connus de tous.

Ses avantages sont extrêmement précieux ; le corps est enveloppé complètement et garanti contre le refroidissement pendant la saison rigoureuse.

Le burnous surtout lorsqu'il est orné de broderies, dans la classe riche, est d'un bel effet décoratif ; il est incontestablement supérieur au costume européen au point de vue artistique. Malheureusement, il est très incommode pour le travail ; celui qui le porte est gêné pour exécuter la plupart des mouvements. Il est vrai que cette gêne est réduite à son minimum ; les Arabes d'Algérie ont une répugnance insurmontable pour tout genre d'occupation ; ils ne s'y livrent que juste pour satisfaire aux maigres besoins de leur existence. On peut dire que le burnous est un vêtement

(1) Villot, *Loc. cit.*

de repos ou de parade et non un vêtement de travail.

Les pieds sont généralement nus.

Lorsqu'il se sert de chaussures, l'Arabe emploie des souliers bas, à large ouverture, sans cordon ni lacet, permettant l'enlèvement facile pour pénétrer dans la mosquée et satisfaire aux prescriptions religieuses.

Dans la maison il enlève aussi sa chaussure et masche nu-pieds sur les nattes ou sur les tapis.

Dans les villes, le vêtement est généralement complété par le pantalon flottant (*sarouel*), qui est aussi porté dans les campagnes par les personnes un peu plus aisées.

Les habitants aisés des villes et des douars possèdent des costumes très riches.

Une veste courte, de couleurs voyantes, ornée de passementeries, fermée sur le devant par un grand nombre de petits boutons, recouvre le buste ; les jambes portent le sarouel, en étoffe, soutaché ou brodé, pendant l'hiver, en toile blanche pendant l'été. Un burnous en étoffe, plus ou moins richement décoré achève de donner à la personne sa physionomie. La tête est coiffée de la chéchia seule, ou bien recouverte d'un tissu blanc fixé par une corde en poil de chameau enroulée autour de la tête. Des bottes en cuir rouge de mouton, quelquefois des chaussettes complètent le vêtement.

La religion prescrit aux fidèles les ablutions de certaines parties : des pieds, des mains, des organes sexuels. Ces régions sont dans un état relativement propre, bien supérieur comparativement à nos paysans de France. Le reste du corps est dans un état de saleté repoussant, recouvert par des vêtements encore plus malpropres, qui impressionnent d'une manière désagréable l'œil et l'odorat. La vermine s'installe et se multiplie d'une manière incroyable dans des conditions aussi avantageuses pour elle. Toutes les personnes en rapport avec les Indigènes ont pu constater que ces parasites n'ont pas un attrait exclusif pour leurs hôtes ordinaires et qu'ils ne dédaignent pas à l'occasion d'émigrer chez les Européens.

Les odeurs dégagées par les Indigènes sont tellement spéciales que les animaux domestiques — les chiens surtout — les reconnaissent de suite, comme ils savent aussi distinguer les Européens et s'opposer à leur approche.

Les bains maures sont, comme on le sait, des bains de vapeur ; ils sont généralement suivis d'un massage prolongé ; le bain se termine par un repos sur des nattes ou sur des matelas placés dans une pièce voisine.

Ces bains sont excellents ; malheureusement ils sont installés seulement dans les villes.

Les femmes se rendent souvent au bain maure qui leur sert aussi de lieu de réunion et de distraction. A la suite du bain elles procèdent à l'application de pâtes épilatoires sur les bras, les jambes, les creux axillaires et les organes génitaux.

Les vêtements des femmes se rapprochent de ceux adoptés par les hommes.

La coiffure, dans certaines régions, s'inspire du turban, mais dirigée toute en hauteur, ressemblant à un véritable monument.

Les bijoux sont très nombreux ; ce sont des boucles ou des anneaux d'un travail primitif, mais non sans grâce. Leur poids déchirerait les oreillles ; pour les soutenir on les attache sur les bords de la coiffure.

Les cheveux sont frottés avec de l'huile qui rancit et donne à la tête une odeur repoussante. Leur épaisseur, leur intrication, leur donne l'aspect d'une broussaille, mais d'une broussaille abondamment peuplée.

La condition de la femme musulmane en Algérie est excessivement dure.

Elle a la charge du ménage ; elle doit tisser les tapis, les burnous, aller chercher l'eau à la fontaine ; elle participe aussi aux travaux des champs. Il n'est pas rare de rencontrer une charrue à laquelle sont attelés un âne et une femme.

La jalousie de l'Arabe est légendaire ; elle ne va pas sans fondement. Les femmes arabes ne sont pas insensibles aux avances galantes de leurs coreligionnaires et même des Européens.

La prostitution est très répandue et pratiquée largement par celles que la nature a favorisées, et qui ont recouvré leur liberté par la mort de leur seigneur et maître, ou par le divorce. Cette coutume n'a pas ce caractère déshonorant qu'elle revèt à nos yeux. Lorsqu'une femme a réalisé quelques économies en se livrant à ce genre de commerce, elle se retire chez elle pour *faire un fin*. Elle est très recherchée ; le mari qui la choisit connaît parfaitement ses antécédents et l'origine de la dot qu'elle a amassée. Pour lui, ce sont des choses sans importance qui ne l'empêchent pas d'épouser l'élue de son cœur.

3e ALIMENTATION

La caractéristique de l'alimentation des indigènes est son insuffisance.

Nous mettons à part, cela va sans dire, les Arabes des villes, ainsi que les Arabes riches habitant les tribus.

Cette insuffisance alimentaire existe, non seulement en temps de disette, mais encore dans les époques ordinaires et normales de la vie.

Suivez le cortège d'un haut fonctionnaire recevant l'hospitalité en pays arabe. On lui offre un festin, « une diffa », dans laquelle les mets entrent des plus nombreux, des plus variés et des plus disparates. Le mouton rôti à la broche « le mechoui », en constitue le plat le plus remarquable et le plus caractéristique. Les habitudes veulent que les invités mangent les premiers ; les hôtes prennent ensuite leur repas ; les restes sont passés aux serviteurs ; ce qui demeure est laissé aux habitants de la maison ; les chiens reçoivent ce que la dent de l'homme n'a pas pu utiliser. Quelle que soient l'abondance et la profusion d'un repas ainsi servi, il ne reste à la fin pas une miette des mets qui l'ont composé : tout a passé, a été englouti dans l'estomac des invités ou des commensaux.

« La plupart des Indigènes ne mangent pas la ration d'entretien, et cela en tout temps. L'Arabe est un famélique perpétuel, et il faut avoir vécu près de lui pour se rendre compte de ce qu'il peut réussir à utiliser, comme ressources alimentaires.

..... La paresse invétérée est la seule cause de la misère puisque les chantiers de charité ouverts dans les temps de disette, ne peuvent dépenser les crédits alloués (1). »

La nourriture courante, celle qui est la plus consommée par l'immense majorité des habitants, est la galette fabriquée avec de la farine grossièrement moulue, non levée, et cuite au feu, sous la cendre. Cette galette est accompagnée de fruits secs, la plupart du temps de dattes ou de figues. Pendant l'été et l'automne, cet ordinaire est varié par l'addition de quelques fruits frais, principalement du raisin. Lorsque les figues ou les dattes font défaut, les Indigènes, surtout les Kabyles, assaisonnent leur galette en la plongeant dans de l'huile, d'autant plus appréciée qu'elle est plus rance. Du beurre, très fort aussi, est quelquefois consommé en tartines.

Le couscous consiste, comme chacun le sait, en semoule de blé cuite à la vapeur. C'est un mets extrêmement répandu ; il représente le plat national des Indigènes. Son usage n'est pas aussi fréquent qu'on pourrait le croire. Sa préparation est longue, et souvent les femmes arabes n'ont pas le temps nécessaire à sa confection. Le couscous est généralement cuit avec de la viande — poulet ou mouton — il est arrosé d'une sauce, la *merga,* fortement relevée de piment et de poivre.

La cuisine arabe comprend un certain nombre de plats, assez restreint d'ailleurs en Algérie. On ne trouve leur usage que dans les familles un peu aisées. La généralité se contente de la galette comme nour-

(1) Dr Em. Legrain. Notes sur la pathologie spéciale des indigènes algériens. (*Revue médicale de l'Afrique du Nord,* 1898).

riture quotidienne, et du couscous, simple ou additionné de viande, les jours de fête.

Les légumes sont rares parmi les Arabes nomades. Les sédentaires cultivent le navet, la tomate, la fève, le pois gris, la lentille, le piment ; ils consomment également l'artichaut sauvage, ainsi que les côtes des feuilles d'une chicoracée très répandue, à l'état sauvage, dans certaines régions, le *Scolymus hispanicus*.

La bienfaisante pomme de terre est peu répandue ; elle est en usage surtout dans le voisinage des territoires colonisés.

En outre de ces aliments habituels, d'autres substances sont également utilisées pendant les années difficiles ou pendant les années de disette.

C'est ainsi que le sorgho, les glands doux, la gesse, et les graines de quelques autres légumineuses sont consommées par les habitants. Leur emploi ne va pas sans de graves inconvénients.

On observe, en Kabylie, une paraplegie spasmodique que l'on avait attribuée à l'usage de la gesse (*Lathyrus sativvs*) et qu'on avait désignée pour cela sous le nom de *Lathyrisme*. Lorsqu'on examine les choses de près, on ne tarde pas à se convaincre que la gesse ne doit pas être incriminée dans cette circonstance. La maladie en question parait dûe à un champignon inférieur (charbon ou moisissure) vivant en parasite sur la plante utilisée comme aliment.

Lorsque le blé manque, les Indigènes fabriquent avec ces matières premières de qualité inférieure une sorte de pain, juste suffisant pour les empêcher de mourir.

M. Jules Cambon, alors Gouverneur général de l'Algérie, visita à la fin de 1893, la région d'El-Milia-Collo, très éprouvée par l'épidémie de choléra qui avait commencé au mois de juin à Biskra et s'était étendue dans la plus grande partie du département de Constantine. L'année avait été maigre ; on avait dû restreindre les communications pour ne pas disséminer la maladie. Sans avoir positivement à lutter contre la famine, les habitants de quelques-unes de ces vastes régions traversaient une période très dure. Nous avons été très vivement impressionnés par l'arrivée d'un grand nombre d'indigènes descendus de leurs douars situés au-dessus de notre itinéraire. Cette délégation n'avait pas été prévue ; elle était nombreuse et a causé quelque surprise. Elle avait pour objet de faire connaître au Gouverneur la période critique que traversait la région. A l'appui de leurs doléances elle apportait un exemplaire de la nourriture que les habitants étaient contraints de consommer. C'était une sorte de galette noire, parsemée de graines imparfaitement moulues et paraissant constituer un aliment très faiblement nutritif. Le pain du siège de Paris était en comparaison un véritable pain de luxe. Les Indigènes ont été bien inspirés en faisant cette démarche non réglée par le protocole. Elle leur a valu un secours à l'aide duquel bien des souffrances ont été évitées.

Nous n'avons rien vu de plus lamentable que ces groupes d'affamés, ces « *mesquines* », qu'on pouvait observer un peu partout à la suite de la disette de 1893.

La pitié n'allait pas aux hommes valides sans

quelque critique pour leur paresse et leur imprévoyance. Le cœur était serré par le spectacle des femmes et des enfants torturés par la plus atroce, la plus imméritée, la plus révoltante des souffrances, par le supplice de la faim.

Lorsqu'on a contemplé un pareil tableau, la mémoire ne saurait l'oublier. Les arts peuvent reproduire la forme et la couleur de ces êtres humains dont le squelette est tellement saillant qu'il semble prêt à sortir de la peau. Ils sont impuissants à retracer les mouvements de fatigue et d'abattement de ces masses abimées, à reproduire les cris plaintifs, lamentables, de cette foule qu'on croirait échappée de l'enfer de Dante.

L'alimentation insuffisante et défectueuse sous le rapport de la qualité entraîne des troubles morbides multiples. Les uns se traduisent par des altérations sur le système nerveux central, comme la parapligie spasmodique. Les autres produisent des désordres attribués à l'ergotisme.

On rencontre également des affections parasitaires, telles que l'actinomycose, le pied de madura, la botryomicose qui sont, selon toute vraisemblance, d'origine alimentaire.

Si les aliments solides des Indigènes sont défectueux, les boissons le sont encore davantage.

Le vin, ainsi que les liqueurs alcooliques leur sont interdites par le Prophète ; cette interdiction est rigoureusement observée par la grande masse des musulmans. Nous verrons cependant qu'il existe quelques exceptions pour les habitants des villes.

La boisson la plus usitée est l'eau : elle est

empruntée aux sources, aux puits et aux *seguias*.

Les sources donnent une eau très pure à l'origine, mais qui ne tarde pas à être polluée de toutes façons. On la recueille dans un petit réservoir creusé dans la terre. On ne prend aucune précaution pour lui conserver sa pureté. Les pieds de l'homme et des animaux apportent dans la source ce qui est resté adhérent à leur surface. Il n'est pas rare de voir des arabes se laver les pieds, les mains, la figure, le nez, la bouche dans la petite excavation qui tient lieu de réservoir ; cette eau est recueillie peu de temps après pour la consommation. La source est généralement en contre-bas du terrain avoisinant. Aussi toutes les impuretés déposées dans son périmètre sont entraînées dans l'eau de boisson aux premières pluies.

Les puits sont soumis aux mêmes inconvénients et exposés aux mêmes causes de pollution.

Les eaux de source et de puits sont donc l'objet de contaminations graves. Il est presque impossible de porter remède à cet état de choses, à cause de l'incurie et de l'esprit de destruction des Arabes.

On a essayé à maintes reprises de capter les sources, d'installer un tuyau ou un robinet pour l'écoulement, de construire des réservoirs en maçonnerie. Ces petits ouvrages n'ont pas duré bien longtemps. Les habitants de la région les ont détruits pour s'emparer du cuivre ou des tuyaux, ou même simplement parce que ces ouvrages contrariaient leurs habitudes.

L'esprit de destruction existe chez les Arabes au-delà de ce qu'on peut imaginer. Ils ont un genre de vie auquels ils sont habitués depuis des siècles. Tout ce qui vient le modifier, même en comportant, un grand progrès, n'est pas accepté. L'atavisme est trop pesant et reparaît toujours, quels qu'aient été les efforts développés pour le modifier.

Cet amour instinctif de ses coutumes se traduit de bien de façons. Il se manifeste, par exemple, dans le choix de l'habitation. On a vu des indigènes louer des terres sur lesquels étaient édifiées des constructions européennes. Vous pensez que les locataires ont habité ces maisons confortablement aménagées ? Ce serait bien mal les connaître.

Ils bâtissent à côté un gourbi, en enlevant à l'immeuble européen tout ce qui peut être utilisé pour l'installation de l'habitation arabe ; dans la maison française, ils logent leurs animaux.

Les eaux de source, les puits, malgré leurs peu de précautions prises pour les protéger, représentent un idéal lorsqu'on les compare aux *séguias*. Les séguias (en arabe, canal, rigole) sont des petits canaux à ciel ouvert servant à conduire de l'eau en assez grande quantité. Ces canaux parcourent des trajets relativement longs ; ils conduisent de l'eau qui sert à la fois à l'irrigation et à la boisson.

Lorsque la séguia traverse une agglomération elle sert à un triple but : elle conduit les eaux potables, les eaux d'irrigation et enfin elle tient lieu d'égoût.

L'eau qu'elle charrie est exposée à des contaminations effroyables : elle reçoit les poussières atmosphériques, les feuilles des végétaux, les cadavres des insectes très abondants aux époques des invasions de sauterelles, des cadavres de grands animaux, et enfin les déjections humaines. Elle sert couramment aux ablutions et quelquefois même au lavage des morts.

Le liquide qui circule dans ces canaux a une couleur trouble ; des corps étrangers nombreux et variés flottent dans sa masse. Son aspect n'est rien moins qu'engageant. Et pourtant elle est consommée par un grand nombre d'Indigènes, qui la préfèrent à de l'eau de fontaine.

Nous avons maintes fois vu des Arabes puiser et boire de l'eau bourbeuse à la séguia, alors que dans le voisinage, à une très courte distance, se trouvait une fontaine d'où s'écoulait une eau pure et excellente.

Sur les hauts plateaux, les Indigènes puisent leur eau de boisson dans les *r'dirs*, sorte de cuvettes naturelles dans lesquelles se ramassent les eaux pluviales. Les troupeaux vont boire aussi dans ces espèces de cuvettes transformées pendant l'été en mares infectes.

Cette incurie pour les eaux potables est générale dans le monde musulman ; nous l'avons constatée à Tétouan, pendant la mission dont nous avons été chargé au Maroc en 1895. Qu'on nous permette d'en rapporter brièvement ici, un trait saillant.

Les eaux potables descendent des flancs de la montagne au bas de laquelle la ville de Tétouan est bâtie. Elles lui sont amenées par des tuyaux en poteries ; elles sont très bonnes et très saines jusqu'à leur entrée dans l'agglomération urbaine. La façon primitive et défectueuse dont elles sont distribuées dans les habitations ne tarde pas à les contaminer et, dans quelques circonstances, à les rendre très dangereuses. Une conduite particulière se branche sur le conduit principal et amène l'eau nécessaire à chaque maison. dans un réservoir dont le trop plein revient de nouveau à la canalisation commune. On puise directement dans ce réservoir à l'aide d'un récipient qu'on dépose par terre et qui traîne un peu partout. L'incurie de ces populations est telle qu'elles lavent parfois les objets les plus divers dans le petit bassin contenant l'eau de boisson. Il résulte de ce système de distribution que les eaux se polluent de plus en plus dans leurs cours et qu'après avoir traversé la ville, elles sont chargées d'un nombre considérable d'impuretés.

La ville arabe est placée en amont de la ville juive, agglomérée dans un quartier spécial, le *Mellah*. Le Mellah est compris dans le système général de distribution des eaux de boisson ; grâce à sa position naturelle au-dessous de la ville arabe, il reçoit les eaux les plus mauvaises et les plus contaminées.

Un fait éclaire le mécanisme de la pollution des eaux d'une manière aussi frappante qu'une expérience de laboratoire. Pendant les fêtes de l'Aïd-el-Kebir, les Arabes égorgent une quantité considérable de moutons ; ils les lavent dans les réservoirs en communication avec la conduite commune. Que se passe-t-il ? Les eaux sont de plus en plus teintées de rouge à mesure qu'on descend à un niveau inférieur. Au Mellah, l'eau est tellement colorée que les Israélites ne peuvent plus en faire usage et se voient dans l'obligation d'aller chercher ailleurs ou de recueillir à l'avance l'eau nécessaire à leurs usages domestiques.

Cette contamination des eaux de boisson explique la propagation des maladies contagieuses transmissibles par l'eau. Les épidémies de choléra, celle de 1893 qu'il nous a été permis de suivre, se sont étendues par l'eau. Un malade atteint de choléra arrive dans une localité ; ses déjections renfermant l'agent contagieux gagnent la source ; l'épidémie rayonne avec une grande rapidité dans le douar tributaire de la fontaine infectée (1).

Les affections vermineuses sont très répandues chez les Indigènes, non-seulement chez les enfants, mais encore chez les adultes. On trouve très fréquemment, en pratiquant les autopsies, des Ascarides, des Oxyures, des Trichocéphales. On sait aujourd'hui que ces parasites se transmettent à l'homme directement par l'eau et que leurs œufs sont expulsés avec les matières fécales. La présence des helminthes dans l'intestin est une preuve de la contamination des eaux par les matières fécales.

On connait la rareté de la fièvre typhoïde chez les Arabes ; elle a été si peu observée que son existence même a été mise en doute. On avait pensé que les Indigènes étaient réfractaires à cette grande pyrexie.

Des cas non douteux de typhus abdominal ont été relatés, mais leur nombre est extrêmement restreint (2).

A quelle cause est dûe la résistance de l'indigène vis-à-vis de la fièvre typhoïde ?

MM. Busquet et Crespin ont publié dans un travail récent le résultat de leurs recherches sur l'étude de la séro-réaction chez les Indigènes. Ils ont

---

(1) Soulié. L'épidémie cholérique de 1893 en Algérie.

(2) Dr A. Bruch. De la fièvre typhoïde chez les Arabes en Algérie, 1893.

trouvé qu'un grand nombre de sujets présentait l'agglutination caractéristique. Ils en ont conclu que la fièvre typhoïde n'était pas aussi rare qu'on le croit communément, mais qu'elle frappait surtout les enfants et qu'elle passait ainsi inaperçue.

Il est possible que la fièvre typhoïde s'attaque surtout aux enfants dont la réceptivité est plus grande, et qui sont exposés de bonne heure à la contagion, grâce à la mauvaise qualité des eaux.

Il nous paraît plus probable que grâce à leur genre de vie au grand air, grâce à l'usage séculaire des eaux défectueuses, les Arabes aient acquis une immunité héréditaire vis à vis de la fièvre typhoïde.

On trouve des exemples semblables pour d'autres maladies contagieuses, la clavelée chez le mouton et la tuberculose chez les bovidés algériens.

Le lait frais et le lait fermenté (*leben*) constituent des boissons très utilisées par les indigènes.

L'alcoolisme est inconnu dans les tribus ; il est relativement fréquent dans les villes. Il représente en Algérie, comme ailleurs, le premier stade de de l'assimilation. Les alcooliques chroniques sont rares ; on a très peu souvent l'occasion d'étudier les désordres produits par un usage prolongé des boissons fermentées. Le vin est très peu consommé ; en revanche, l'absinthe et l'anisette sont les boissons alcooliques de prédilection.

A côté de l'alcoolisme, il convient de citer l'usage et l'abus du kif (sommités de chanvre indien). On fume cette substance dans de petites pipes spéciales, rappelant celle des fumeurs d'opium. Le kif donne lieu à une sorte d'ivresse qui, répétée trop souvent, conduira celui qui s'y livre à l'aliénation mentale.

4° HYGIÈNE GÉNÉRALE

L'hygiène générale n'existe pas pour les indigènes.

Leurs maisons sont généralement dépourvues de fosses d'aisance, et leurs villages, leurs villes même, ne possèdent pas d'égouts. Les fumiers sont accumulés dans la cour ou devant la maison ; les immondices de l'homme se mêlent à ceux des animaux et iront, aux premières pluies, contaminer la source d'eau potable. Le service de la voirie est confié, en Algérie, comme dans tous les pays musulmans, aux chiens et aux oiseaux de proie.

Nous dirons très peu de chose de leur vie sociale.

Les enfants sont élevés à la dure ; les plus faibles, les débiles, succombent ; ceux qui résistent donnent des sujets très vigoureux. La natalité très élevée permet cette sélection.

On connaît le mariage des jeunes filles arabes, bien avant qu'elles ne soient nubiles. Les abus créés par cette coutume sont connus de tous et tiennent à un sujet trop délicat pour être examinés ici.

Les cimetières doivent être l'objet d'une surveillance étroite de la part de l'Autorité.

Pour se conformer aux prescriptions religieuses, les morts sont lavés à domicile, quelquefois au cimetière même. L'eau de lavage se répand dans la maison, s'écoule dans le voisinage ; en s'évaporant elle peut transporter au loin les germes de maladies contagieuses.

Les dangers créés par cette pratique peuvent être très considérables en cas d'épidémie, non seulement pour les personnes qui procèdent à la toilette funèbre, mais encore pour les voisins. Des cas nombreux de maladies contagieuses se sont propagés de cette façon. On reste saisi à la pensée d'une épidémie de peste éclatant dans certains villages arabes ou kabyles, dont la population est très dense.

Les fosses sont très peu profondes. Elles se composent de deux parties : la supérieure plus large, l'inférieure beaucoup plus étroite. Les personnes inhumées sont couchées sur le flanc droit, la face tournée du côté de la Mecque. La fosse est recouvert de terre; quelquefois elle est entourée de dalles portant son inscription ; d'autres fois, elle est simplement entourée de pierres grossières ramassées sur le terrain environnant. Un badigeonnage à la chaux est appliqué sur le petit tertre qui surmonte la tombe.

Les Indigènes se préoccupent peu de la position des cimetières. Ils les placent au-dessus des sources ; les font traverser par des séguias, exposant un village tout entier à la plus dangereuse des contaminations.

Nous en avons rapporté plusieurs exemples à peu près identiques qu'on peut schématiser ainsi. Une personne se rend dans une localité contaminée où elle contracte le choléra. Elle retourne dans son douar malade et ne tarde pas à succomber. L'inhumation a lieu dans le cimetière, situé en amont et à peu de distance d'une source, à laquelle vont puiser un certain nombre d'habitants. Peu de jours après, l'épidémie éclate et atteint tout d'abord les tributaires de la fontaine placée dans le voisinage du cimetière.

Nous venons de passer en revue dans cette esquisse rapide quelques-unes des principales causes de dépopulation des Indigènes algériens.

Nous avons vu leurs habitations encombrées, exposant ceux qui les habitent aux atteintes des maladies contagieuses, qu'elles soient endémiques dans le pays et se propagent par l'air comme la variole et la rougeole si meurtrières chez eux, la scarlatine, le typhus, la tuberculose, qu'elles se transmettent par l'hérédité ou par le contact comme la syphilis, le trachome (1), les dermatoses ; ou bien que ces maladies soient d'origine exotique comme le choléra.

L'enfance est soumise à une mortalité effroyable ; les pertes sont compensées par une natalité très élevée. Il s'établit une sélection qui aboutit à la survivance des plus vigoureux. Ainsi s'expliquent à la fois le nombre toujours croissant et les qualités physiques de la population indigène.

L'accroissement des indigènes a suivi une ascension rapide. Il est difficile pourtant de l'apprécier avec une grande rigueur. Les difficultés de la conquête, les limites indécises de la colonie pendant les premières années de l'occupation, ont empêché de procéder à un recensement exact.

Pour avoir des chiffres portant sur le territoire entier de l'Algérie, nous ne pouvons remonter au-delà de l'année 1854.

Au 31 décembre de cette année la population indigène est évaluée à 2.056.098 habitants. On comptait alors 79.577 Français et 72.144 Européens non natu-

(1) Dr E. Bruch, *Note sur l'Ophtalmie granuleuse,* Alger 1889. Les causes de la contagion sont bien mises en relief dans cette substantielle notice.

ralisés, soit en tout, 2.207.779 habitants. A la fin de 1898, c'est-à-dire en moins d'un demi-siècle, la population indigène a atteint le chiffre de 3.756.000 personnes. Elle a presque doublé dans ce court laps de temps ; cette augmentation énorme est due à une seule cause, à l'excédent des naissances.

Lorsqu'on se représente l'insuffisance alimentaire des Arabes, les causes de destruction dont ils sont perpétuellement menacés par les maladies, leur dédain superbe pour tout ce qui concerne l'hygiène, lorsqu'on les voit vivre et prospérer dans des conditions aussi primitives, on peut se demander quel est l'avenir réservé à notre civilisation à la fois si parfaite et si fragile.

La population française a augmenté d'une façon considérable en Algérie ; elle s'est accrue sous l'action d'une triple force : l'excédent des naissances sur les décès, l'immigration de la Métropole, la naturalisation des étrangers venus s'établir dans ce pays. Qu'on mesure au prix de quels efforts ce résultat est obtenu pour les Français d'origine, au prix de quels dangers pour les naturalisés.

La population indigène s'accroit d'une façon automatique, par l'impulsion des seules forces naturelles. Une natalité énorme assure l'avènement de nouveaux habitants ; la sélection élimine les débiles et ne laisse croître que les plus vigoureux. Ces derniers échappent aux causes multiples de destruction qui les entourent grâce à deux puissants facteurs hygiéniques répandus à profusion, auprès desquels nos efforts paraissent bien pâles, l'air atmosphérique et les rayons du soleil.

Dr SOULIÉ.

DEUXIÈME PARTIE

ASSISTANCE PUBLIQUE

Assistance publique chez les Européens.

Assistance publique chez les Indigènes.

ASSISTANCE PUBLIQUE

CHEZ LES EUROPÉENS

I

En tout pays « l'Assistance » est pour les pouvoirs publics un sujet des plus graves préoccupations ; dans un pays nouveau, tel qu'une colonie, l'organisation de ce service acquiert une importance capitale en même temps qu'elle est hérissée de difficultés exceptionnelles.

Ce fut, et c'est encore le cas pour l'Algérie.

En effet, les conditions y sont absolument différentes de celles que présente la Métropole : en France, dans presque tous les départements, la population est stable, plus ou moins dense, et les habitants y jouissent en majeure partie d'une aisance au moins relative ; d'autre part, beaucoup d'hospices et d'institutions charitables existent et fonctionnent régulièrement depuis le moyen-âge, avec une fortune personnelle souvent considérable (1), provenant de legs, de dotations, etc.

En Algérie il n'y avait *rien* ; l'Etat a dû *créer* d'une pièce toute l'administration de l'Assistance et pour-

(1) On pourrait citer tel hôpital de Lyon, dont le revenu *annuel*, personnel, atteint le chiffre de plusieurs millions ; et d'autres hôpitaux extrêmement riches, comme par exemple celui de Beaune.

voir avec les deniers publics aux dépenses énormes de ce service. Or, les besoins ont été et sont encore d'autant plus grands que la population coloniale, disséminée sur une surface immense, comprend une proportion très forte d'*isolés* (orphelins, aventuriers, immigrants n'ayant pas réussi dans leur entreprise, etc.) sans famille, sans gîte, sans ressources et, qu'en plus, les indigènes miséreux, malades, atteints par les épidémies dues à leur incurie et à l'ignorance des préceptes les plus élémentaires de l'hygiène, affluent dans les centres implorant la charité ou l'admission dans les hôpitaux.

Pendant la conquête et au commencement de notre installation dans le pays, c'est l'Armée qui a pourvu aux nécessités les plus urgentes au moyen d'ambulances, de petits hôpitaux, etc.

Au fur et à mesure de l'organisation civile de la colonie, le Gouvernement local n'a cessé de consacrer une très sérieuse attention aux services de l'Assistance publique, qui continue à être l'objet de sa plus vive sollicitude.

Le nom du Gouverneur général Cambon restera attaché à l'histoire de l'assistance pour les indigènes.

Actuellement, M. Delannay, Secrétaire général du Gouvernement, dirige, par ordre de M. le Gouverneur général Laferrière, une enquête générale et minutieuse sur le fonctionnement des services de l'Assistance publique en Algérie, qui aboutira certainement à des réformes aussi importantes que salutaires.

II

Le cadre de l' « Assistance » est très étendu ; il comprend des catégories et subdivisions :

1° Les enfants assistés ;

2° La protection des enfants du premier âge ;

3° Les orphelinats ;

4° Les consultations gratuites ;

5° Les soins médicaux à domicile, confiés aux médecins communaux et aux médecins de colonisation ;

6° Les Monts-de-Piété ;

7° Les hospices et asiles divers (vieillards, incurables, convalescents, aliénés, etc.) ;

8° Les dépôts de mendicité ;

9° L'Institut Pasteur (traitement antirabique, fabrication des sérum, etc.) ;

10° Les hôpitaux.

Tous ces services sont organisés en Algérie et fonctionnent régulièrement.

Les aliénés sont *traités* dans un établissement libre par un médecin indépendant de l'Administration.

Les aliénés indigents sont soignés par l'Administration pendant *quelques jours* (à l'hôpital) en attendant leur transfert dans les établissements spéciaux de la Métropole (Aix, Marseille, St-Pons, Nice ; Albi pour Oran). Cependant les idiots épileptiques *pauvres* sont reçus et soignés à l'asile départemental de Beni-Messous et à El-Arrouch.

La description détaillée du fonctionnement de toutes les branches du service de l'Assistance publique dépasserait de beaucoup les limites assignées à ce travail ; nous nous bornerons donc à celle des *Hôpitaux*.

III

HOPITAUX

Il y a en Algérie : 1° des ambulances et des hôpitaux *militaires* ;

2° Des ambulances et des hôpitaux *mixtes* dépendant du Ministère de la Guerre, mais admettant aussi des malades civils, aux frais des communes et de l'Etat.

Tous les hôpitaux militaires reçoivent des colons, dans les localités où il n'y a pas d'hôpital civil et les *fonctionnaires* toujours, s'ils le demandent.

Nous n'avons pas qualité pour nous occuper de ces deux ordres d'établissements qui relèvent de l'autorité militaire.

La répartition, par département, des ambulances, hospices et hôpitaux *civils* est la suivante (1) :

DÉPARTEMENT D'ALGER

Alger-Mustapha.
Douéra.
Marengo.
Ménerville.

DÉPARTEMENT DE CONSTANTINE

Constantine.
Bône.
Bougie.
Akbou.
Philippeville.
Mila.
El-Arrouch (Asile de vieillards et d'incurables).

---

(1) Nous devons les renseignements sur cette question à l'obligeance de M. le Chef du 2e bureau du Gouvernement général (bureau de l'Assistance) qui a bien voulu nous communiquer les notices fournies à MM. les Préfets des trois départements par MM. les Directeurs de ces établissements.

DÉPARTEMENT D'ORAN

Oran.	Aïn-Temouchent.
St-Denis-du-Sig.	Relizane.

N.-B. — Cette liste ne comprend que les principaux hôpitaux dont MM. les Préfets ont adressé la description et l'historique au Gouvernement général ; il y a encore un petit hôpital à Boufarik, sur lequel il ne nous est parvenu aucun renseignement.

Il serait trop long de les décrire *tous en détail* ; d'ailleurs, pour plusieurs d'entr'eux, la notice envoyée par la Préfecture est très écourtée, ou bien elle ne contient que des détails n'ayant pas leur place ici.

DÉPARTEMENT D'ALGER

Alger-Mustapha. — L'hôpital, presque achevé, sera certainement un des plus beaux et des mieux compris de tout le territoire français.

Il est construit sur un terrain de la commune de Mustapha dans une situation exceptionnellement favorable sous le rapport des conditions hygiéniques : édifié sur la pente d'une colline élevée, il bénéficie d'un drainage excellent ; la pente étant dirigée à l'Est, il se trouve admirablement ventilé parce que pendant toute la saison estivale les vents dominants sont les vents d'Est ; il se trouve isolé de tous côtés, par conséquent sans aucune voisinage nuisible.

Historique (1). — La création de l'hôpital d'Alger remonte à 1832. Ce fut d'abord un hôpital militaire composé de 420 lits, installé rue Bab-Azoun, dans

(1) Extraits d'une notice historique de M. le sous-intendant de R. Brillet, directeur de l'hôpital (15 septembre 1899.)

une ancienne caserne de Janissaires mal restaurée. Il fut cédé l'année suivante à l'administration civile, qui ne conserva que 300 lits. Bientôt après fut créée une succursale.

En 1849, le Conseil muicipal d'Alger émit un vœu pour le transfert de l'hôpital d'Alger, devenu insuffisant, à Mustapha, sur l'emplacement actuel.

Mais des raisons budgétaires empêchèrent la réalisation de ce vœu jusqu'à l'année 1853.

A cette époque l'hôpital civil d'Alger fut définitivement installé à Mustapha sur une partie du Camp des Chasseurs d'Afrique, concédé au Département par l'Administration de la Guerre.

La mise à exécution de ce transfert, décidé en principe depuis longtemps, n'a été possible que grâce à la libéralité d'un riche colon M. Fortin d'Ivry qui, par testament du 19 septembre 1840, avait fait don à la ville de la somme de deux cent mille francs pour la translation projetée et la construction d'un hôpital civil à Mustapha. (Acceptation du legs autorisé par décret du 16 juin 1851.) (1)

En 1868, la seconde partie du Camp des Chasseurs fut remise à l'hôpital pour parer aux dangers qu'avait fait naître la famine au mois de mars de cette année.

En 1874, sur l'initiative de M. Le Myre de Vilers, directeur général des affaires civiles et financières de l'Algérie, M. Voinot; père, établit un projet de recons-

(1) En 1859, lors de mon arrivée à Alger, il n'y avait encore *aucune* construction de faite : *tous* les services (salles de malades et services généraux), étaient installés dans les mêmes baraques qui avaient servi d'écurie, etc., au Camp des Chasseurs. — Dr E. Bruch.

truction de l'hôpital sur l'emplacement actuel, qui offre une superficie de 8 hectares.

Ce projet (1) comprend :

14 pavillons de malades, édifiés (2) sur une avenue de 190 mètres de long sur 60 mètres de large ;

14 pavillons annexes sur les bas-côtés ;

Les services généraux (cuisine, bains, hydrothérapie, administration, buanderie, amphithéâtre, communauté, chapelle).

A l'heure présente il reste, pour terminer complètement ce projet, à édifier : les cuisines, la pharmacie, la buanderie, la communauté, la chapelle, l'amphithéâtre, les bâtiments d'administration et un certain nombre de pavillons annexes pour malades.

Récemment 4 services de chirurgie ont été dotés chacun d'un petit pavillon pour les opérations ; ces pavillons d'opérations sont aménagés en conformité de tous les progrès les plus récents.

Le service pour les femmes en couches (clinique obstétricale) est encore extrêmement défectueux, malgré les instances réitérées du Directeur de l'Ecole de Médecine. Il y a urgence à le réorganiser selon les exigences de la science moderne. Il y a également *urgence* à créer une maternité.

---

(1) L'Administration avait d'abord *décidé* la construction d'un grand édifice à *étages*. Ce plan ayant été vivement combattu par les docteurs Gémy et Bruch, a été abandonné pour le système des pavillons isolés, parallèles et sans étage, que conseillaient les auteurs de la brochure : *De l'Hôpital civil d'Alger ; Etude sur sa reconstitution* par les *D*rs *Gémy* et *Bruch.* (*Alger*, *1868. Imprim. et libr. Dubos*, *Alger*).

(2) Les constructions ont été faites, et celles à faire le seront sous l'habile direction de M. l'architecte Voinot, fils.

Au milieu du terrain, c'est-à-dire entre la rangée de pavillons pour hommes et celle des pavillons pour femmes, existe un jardin entouré de beaux arbres ; les pavillons sont séparés les uns des autres par un large espace orné d'arbres d'essences diverses (ficus, faux poivriers, palmiers, etc.)

A la limite supérieure de l'hôpital vient d'être édifiée une belle construction à étage renfermant les services de l'hydrothérapie, de l'électrothérapie, de la radioscopie, etc.

Nous nous permettrons d'adresser un reproche au plan d'ensemble de l'établissement : les services généraux sont beaucoup trop excentriques ; la pharmacie est cantonnée contre le mur d'enceinte (côté Nord) ; la *dépense* et la *cuisine* sont *reléguées à la limite inférieure* (côté Est), au bas de la pente ; de cet éloignement résultent de *gros inconvénients* pour la célérité d'un service aussi important.

En dehors de ce vaste domaine, l'Hôpital de Mustapha, grâce à la générosité de particuliers, se trouve aussi propriétaire :

1° D'un immeuble (*don Lélegard*), sis au ravin de la Femme Sauvage, commune de Birmandreïs ;

2° D'une propriété connue sous le nom de *Villa Parnet*, sise à Hussein-Dey, sur laquelle va être édifié prochainement un asile de convalescents.

Enfin, à la suite d'épidémies successives de choléra ou de typhus, le Gouvernement général résolut de créer une ambulance. M. Jules Cambon étant gouverneur général de l'Algérie, décréta (en 1896), la construction de cet établissement sur un plateau situé non loin de la prison civile, compris dans la zone des fortifications, près du cimetière musulman, connu sous le nom d'*El-Kettar*.

Les dépenses ont été supportées par l'Etat.

En résumé on peut compter que le Service hospitalier de Mustapha fonctionnera à bref délai de la façon suivante :

Etablissement central (Hôpital de Mustapha) de 800 à 900 lits.

Ambulance d'El-Kettar 80 à 100 lits.

Asile de convalescents de la villa Parnet 200 lits au moins.

Quant à la propriété Lélegard, qui est louée actuellement, aucune décision n'a encore été prise pour son affectation.

L'hôpital d'Alger-Mustapha est aussi un *hôpital d'instruction.*

L'Ecole de plein exercice de Médecine et de Pharmacie d'Alger y entretient *six services d'enseignement* qui sont :

La clinique médicale ;
— chirurgicale ;
— obstétricale ;
— de syphiligraphie et de dermatologie ;
— de pédiatrie ;
— d'ophtalmologie.

L'hôpital, par la grande diversité des cas qu'on y admet, offre aux étudiants d'inépuisables trésors pour l'étude.

Aussi a-t-on, de tout temps, fort remarqué dans les Universités de la Métropole, à l'occasion des examens de doctorat, la variété et la solidité des connaissances des Etudiants d'Alger, ainsi que leur *profond sens clinique.*

L'Administration supérieure d'Algérie est assurée de pouvoir recruter parmi eux de très excellents praticiens pour les divers services de l'*Assistance publique.*

L'Administration de l'hôpital est confiée à un directeur assisté d'une Commission consultative.

Hôpital de Douéra. — Il est situé sur le Sahel, à 22 kilomètres d'Alger.

Fondé par l'Administration militaire en 1849, il est devenu hôpital civil en 1839.

Il comprend 300 lits pour vieillards et incurables, hommes et femmes, et 80 lits pour des malades.

Cédé définitivement à l'Administration hospitalière (1880), il se compose actuellement de :

11 corps de logis avec cours et jardins ;

1 pavillon pour le directeur ;

2 baraques en bois (chapelle et baraque d'isolement pour les maladies contagieuses).

Le Gouvernement général a décidé de remplacer les bâtiments vieux par des constructions neuves ; on vient de commencer un pavillon de 65 mètres de long sur 9 de large, surmonté d'un étage, pour vieillards.

Marengo. — L'hôpital qui était d'abord une infirmerie de 30 lits, gérée par des sœurs, a été laïcisé en 1880. Il peut recevoir 40 malades et 110 vieillards. Vaste jardin qui l'alimente en légumes frais.

Il jouit d'une *dotation* composée de :

La location d'une ferme dite de l'hôpital..	4.500 fr.
— d'un terrain................	300 —
— d'un jardin................	775 —
Revenu annuel......	5.575 fr.

Ménerville. — L'ambulance militaire (1873) est devenue civile, dirigée par une Commission administrative en 1875.

Aujourd'hui l'hôpital est presque terminé :

3 pavillons pour vieillards, hommes et femmes, contenant 56 lits; 4 pavillons pouvant recevoir 74 malades; 1 pavillon d'isolement.

Dotation : Plusieurs propriétés, un jardin potager de 1 hect. 70 cent ;

20 hectares de terre de parcours ;

1 immeuble (Caravansérail des Issers) d'une contenance de 56 hectares.

La location de ces diverses propriétés représente annuellement 8.525 francs.

DÉPARTEMENT DE CONSTANTINE

L'**Hôpital de Constantine** peut recevoir 450 à 500 malades. Le lazaret, en voie de construction, pourra recevoir 100 malades. Vers 1842 une infirmerie communale avait été créée pour y hospitaliser les femmes des colons ou industriels qui ne pouvaient alors qu'exceptionnellement être admises à l'hôpital militaire.

Celle-ci fut transférée en 1862 dans les bâtiments affectés à l'hôpital civil, situé place Kabat-es-Souf (marché aux laines).

Par application d'un décret du 3 mars 1876, cet établissement fut transféré au collège arabe-français dont le dit décret changeait la destination. La superficie du terrain concédé est de 13 hect. 42 cent.

Legs et dotations. — Une jouissance du produit de la vente d'un immeuble légué par M. *Michau* : 14.625 fr., achat d'un titre de rente.

Quarante-cinq boutiques à Constantine, d'une valeur approximative de 92.750 francs.

Une maison à Constantine, évaluée 24.049 francs.

Un terrain de culture de 163 hect., de la valeur de environ 14.760 francs.

Rapport total de ces dotations : 12.000 francs.

Bône. — Avant 1858, les hommes étaient traités à l'hôpital militaire ; les femmes et les enfants étaient soignés par les sœurs de la Doctrine Chrétienne, sous la direction de l'Administration municipale.

En 1858 furent construites des baraques sur un terrain dépendant d'un cimetière musulman déclassé.

C'est en l'année 1878 seulement que « les malades « hommes furent admis en traitement à l'Hôpital civil « de Bône ».

En 1891, la Commission de l'Hôpital civil de Bône contracta un emprunt de 150.000 fr., pour continuer les constructions de l'établissement.

Puis, moyennant diverses subventions successives, les constructions ont été édifiées successivement et aujourd'hui l'hôpital est presque achevé.

Il occupe une superficie de 4 hect. 28 ares et 99 centiares.

Il peut recevoir de 350 à 400 malades.

Hospice des vieillards et incurables de Bône, distinct de l'hôpital appartenant au département. — Il a été fondé en 1879, à la suite de l'acceptation par le Conseil général de Constantine de deux dons, savoir : 1° don de feu M. *Célestin Bourgoin,* d'un terrain de 1 hect. 10 ares, propre à l'édification d'un hospice ;

2° Don de feu M. *Salvador Coll,* des bâtiments et dépendances édifiées par lui en vue de recevoir 70 vieillards, sans distinction de sexe, de nationalité, ni de religion.

En 1892 fut construite une annexe, l'établissement étant devenu insuffisant.

Aujourd'hui, 150 lits sont affectés aux vieillards entretenus au compte des 3 budgets : Etat, département, commune et 14 lits sont occupés par des pensionnaires payants. *Administration* : un économe-directeur et une Commission administrative.

L'hospice Coll, de Bône, est depuis 3 ans en possession d'une subvention de 100.000 fr., accordée par le Gouvernement général, pour son agrandissement.

L'Hôpital **de Bougie** a été créé en 1870 et dirigé par une Commission administrative.

Après avoir été réorganisé en 1879, il fut abandonné et un nouvel hôpital fut édifié en 1892, sur des terrains domaniaux concédés par l'Etat.

En 1893, la Commission administrative fut remplacée par une Commission consultative avec un directeur responsable. Enfin, le 28 juin 1898, l'hôpital de Bougie a été classé dans la 1re catégorie des hôpitaux, prévue par l'article 2 du décret du 23 décembre 1874 et placé sous la direction d'une Commission administrative avec un économe (1).

L'hôpital actuel est encore très incomplet.

Il se compose de : 2 pavillons à rez-de-chaussée (1 pour les femmes, 20 lits, et 1 pour les hommes, 35 lits.)

Il existe un pavillon d'isolement en prévision des épidémies ; il est actuellement occupé par des convalescents ; il en peut contenir environ 25.

Les bâtiments administratifs sont assez complets.

Il n'existe pas de salle d'opérations ; elle n'a pas été prévue. La salle actuelle sert en même temps de salle de visite, de pansements, de laboratoire, etc... ! C'est en outre un cabinet payant enlevé à sa destination primitive ; on ne peut d'ailleurs pas y entrer avec un brancard ! Cependant il y a 80 à 100 interventions chirurgicales par an.

Pendant la période des fièvres l'effectif est de 90 à 100 malades.

En résumé : hôpital défectueux, insuffisant, installation rudimentaire.

Il existe un *projet* de construction de 2 pavillons nouveaux.

---

(1) La notice fournie par l'administration de l'Hôpital de Bougie ne donne pas de renseignements concernant les bâtiments, l'effectif, etc. Les détails qui suivent sont dûs à l'obligeance du *docteur Legrain* de Bougie.

www.ingramcontent.com/pod-product-compliance
Ingram Content Group UK Ltd.
Pitfield, Milton Keynes, MK11 3LW, UK
UKHW020258220726
13923UKWH00002B/960

9 782019 937232